地方創生 逆転の一打

～「公助」の異次元改革のススメ

玉田樹 著

ぎょうせい

はじめに

地方創生が遅々としています。ここで逆転の一打を放たなければ地方創生の灯が消えてしまう、との思いでこの本を出版することにしました。

この本は、国の方々、地方自治体のみなさん、地域住民の方々に読んでもらいたいと思って書きました。

筆者は、ちょうど10年前から、都市住民が地方へ回帰できる社会づくりと、二地域居住、地方兼居の実現を支援する「ふるさと回帰」の仕事をやってきました。前の会社にいる最後の頃、久方ぶりに多くの地方をめぐる機会をえましたが、そのとき、それぞれの地方が以前の風景とあまりに違うことに愕然としました。〝えっ、地方はこうも疲弊してしまったのか!?〟その思いが「兼業・兼居のすすめ」という本となり、あたかも前の会社での卒業論文みたいになりました。

それが出発点となり、その5年前からNPOふるさと回帰支援センターをやっていた代表理事の高橋公さんという古武士のようなよき先達をえて、ふるさと回帰の会社を立上げ最後の仕事としてやり始めました。

思い返せば10年前、2007年問題として大量の団塊世代が定年退職を迎える時期でした。彼らの多くが退職後は〝田舎に行きたい〟と言うのをよすがとして、ふるさと回帰の仕事を始めたのですが、見事空振りに終わりました。定年延長には勝てなかったのか、あるいは団塊世代は〝冷やかし千人〟だったのですかね。

〝都会の人たちを田舎に連れ出す〟、これはなかなか難しいことです。いろいろなことを考え、さまざまな人とささやかな試みをしてきましたが、必ずしもうまくいったというわけではありません。

折しも、2013年暮れ、〝地方が壊滅する〟が世に出て、にわかに騒然となってきました。しかし筆者は、これを国民に知らしめた点では評価すれども、首を縦に振ることができませんでした。「何をいまさら、したり顔でこんなことを言っているのだ！」そう、百も承知のことを数字で脅しても意味がない、どうすれば壊滅を防げるのかが問われているのだ、ということです。

その気持ちが、半年後の2014年8月、「地方再生『三本の矢』」の提言になりました。第1の矢が「地方財源改革」、第2の矢が「創業環境改革」、第3の矢は「ライフスタイル改革」です。その直後に地方創生本部が発足したので、この提言を〝異次元の改革提言〟と称して石破大臣に渡したところ、後日、意見交換をする機会をえました。その後、いくつかの提言を地方創生本部にしてきました。

この本は、「地方再生『三本の矢』」の提言をベースに書かれています。２０１４年に書かれた提言ですが、一部で提言に沿った動きもみられます。しかし、まだやるべきことは山積している状態ですから、提言が実行されるまで言い続けるとともに、こういう手があるんだということを読者のみなさんに知っていただければと思っています。

また、この提言の後、２０１４～15年にかけて、多くの先輩や友人たちと「意見交換」をしました。そのときのやり取りの多様な意見は、提言で言い足りなかったことを補足できるので、これもこの本のなかに掲載しました。

２０１６年6月、創生本部は3度目となる「基本方針２０１６」を世に示しました。しかし、〝地方への新しいひとの流れをつくる〟ことに関して具体性に欠けるため、思い余って、第3の矢「ライフスタイル改革」を補足する意味も込めて、２本の提言をしました。ひとつは、〝同一労働同一賃金〟が動き始めたことから「兼業・兼居社会をつくる」ことを改めて提言しました。もうひとつは、地方に行っても住むところがないことを解決するため「田舎の空き家市場化プロジェクト」の緊急提案です。これらも併せて掲載しています。

筆者は、遠くから一人で政府に提言し続けているという点で、これまでの提言はまさに〝犬の遠吠え〟のようなものです。だから、出版なんかしなきゃいいものを、と思うのです。

ですが、国家戦略特区になっている兵庫県養父市の広瀬栄市長には、筆者の提言に多くの賛同と共感を寄せていただき、たびたび国に対しこの提言の実現に向けて援護射撃をしていただいています。このひそみにならえば、〃犬の遠吠え〃でも、何匹かのドジョウが現れて本書の提言に賛同し声をあげていただければ、少しは世の中が変わり地方創生が進むのではないかと虫のいいことを考えて出版することにしました。

以下、本書の構成を示しますが、そのまえに一言。この本の意図することは、地方創生のために〃国〃がなにをやるべきか、について書いたものです。近年、「共助」「自助」などとかまびすしいですが、それを隠れ蓑にしてもらっては困る。この10年地方をまわってつくづく思うことは、地方がいくら頑張ったところでもう先に進めない状況が生まれていることです。地方創生は、地方だけの努力では限界にきている。必要なことは、地方が力を発揮できるようにわが国の社会の制度や社会の仕組みなどの社会インフラの構造を、21世紀社会にふさわしく改革することです。これを「公助」といいます。政府は地方創生のために、20世紀の地方政策のパラダイムを変革し、21世紀型の新しい社会インフラの構造改革という「公助」にどれだけ取り組めるかで勝負は決まる、本書はこのことを書いたつもりです。

もう一言。この本は、地方創生について「異次元の改革」を提言しています。ちょっと言い過ぎかなぁ〜。この本を読んでいって、おそらく〃そんなことはできやしまい〃と思われることが多々あると思います。世の中の構造を変えることを提言しているので、できない理由は山ほどあります。ですが、この本を床に叩きつける前に、立ち止まって少し考えていただければありがたいです。もし、一瞬はできそうにもないと思っても、そうした社会ができることが正しいと感じていただけるのなら、〝どうしたらできるか〟について一緒に考えていただければ嬉しいです。

この本は、文章上の重複はできるだけ排除したつもりですが、筆者の年甲斐もなく屹立した思いによって、同じことが繰り返し述べられています。読みづらい点があると思いますが、〝しょうがないな〟と思っていただき、どうかご容赦ください。

本書は、提言「地方再生『三本の矢』」を、序章、第1の矢、第2の矢、第3の矢、結語の5つに分解し、また2本の追加提言も加え合計7つの章だてを組んでいます。序章「地方創生とは」は、三本の矢で示した地方創生の問題の本質は何か、その再生の視点など提言の意図について述べています。第1章「努力が報われる財源配分」は、提言の第1の矢として、地方交付税の仕組みの改革について「財源復元機能」をもつべきことを示しています。第2章「〝自己雇用〟の仕組みづくり」は、提言の第2の矢、起業できる環境づくりとして「ふるさと起業誘致条例」を制定すべきことを述べています。第3章「ライフスタイル改革」は、提言の第3の矢として、大都市住民のライフスタイル改革、「兼業」や「二地域居住」を誘導すべきことを述べています。第4章は〝同一労働同一賃金〟に関して動きがみられたことから改めて提言した「兼業・兼居社会がはじまる」を掲載しています。そして第5章は「『公助』の実践プロジェクト提案」とし、その具体例として「田舎の空き家市場化プロジェクト」の緊急提案を示しました。終章は「地方創生と『公助』」を結語としています。

各章とも、それぞれ第1節で「三本の矢」や「追加」の提言を示し、第2節以降にさまざまな意見交換や追記を記述するという形をとっています。提言にあたるところは「である」調の固い文体そのままに掲載させていただきました。

これまで、多くの方に示唆や励ましをいただきました。盟友の今は亡き北海道大学教授であった川辺紘一さん、わが社の活動を支えてくれている市川伸江さんはじめ株主および研究パートナーであったみなさん、NPOふるさと回帰支援センターの高橋公代表理事はじめみなさん、兵庫県養父市の広瀬栄市長にまずお礼を申し上げます。

本書を出版するにあたり、筆者が所属しているNPO日本シンクタンク・アカデミーの岡本憲之理事長、高橋琢磨理事、林川眞善理事、松田宏理事はじめ多くのメンバーの方々、野村総合研究所時代の先輩や仲間である酒田哲さん、上野嘉夫さん、福島一さん、高田伸朗さん、昔から仕事を一緒にやってきた地域環境計画の田中孝司社長、大学の友人で地域計画研究所の西田穣代表取締役、高校の友人である今村文彦さん、ガキ友の中安勇一さん、NPO横浜創造まちづくり学会の竹口秀夫会長、総務省にいた滝本純生さん、福岡県直方市副市長をしていた大塚進弘さん、養父市シルバー人材センターの久保田文彦理事長、山下千津子次長、伊丹市シルバー人材センターの事務局長をしていた泉文博さん、赤沼不動産の赤沼要社長、そのほか多くの方からさまざまな貴重な意見やアドバイスをもらいました。みなさん、ありがとうございました。

出版に際して滝本純生さんにはいろいろ労をおかけしました。また、㈱ぎょうせいのみなさんのおかげでこの本を出版することができました。感謝申し上げます。

本書が、地方創生の灯を燃え上がらせる逆転の一打になれば幸いです。

全国津々浦々からの声が燎原の火のごとくあがることを願って。

2017年　新春

玉《たま》田《だ》　樹《たつる》

目　次

第1章　努力が報われる財源配分

第2章 〝自己雇用〟の仕組みづくり

第3章　ライフスタイル改革

第5章 「公助」の実践プロジェクト提案

序章

地方創生とは

1　提言：地方創生についての提言の意図

まず、はじめに、提言「地方再生『三本の矢』」の序章、提言に至った問題意識について示します。提言の文体をそのままで示します。

1　地方再生にかかわる問題の本質

(1)　問題の発端

中央公論2013年12月号に「壊死する地方都市」が掲載されて以来、世の中が俄然騒がしくなった。2040年に多くの地方都市が消滅するという。これを発表した日本創成会議（人口減少問題研究会）がその後、具体的な市町村名を挙げて消滅の危機度を展開したものだから、地方に行くたびに「私のところも名前が挙がりました」と首長や役場職員は名指しされたことに驚きを隠さない。

さらに、全国知事会が、〝驚いたことに〟今さら緊急事態宣言を出した。政府もこれを受け、地方再生に力を入れると言う。何やら複雑な気持ちではあるが、非常に結構なことになってきた。

(2)　2割の若者がいなくなり続ける地方

しかし、考えてもみてはくれまいか。こんなことは、昔から分かりきったことであったのではないか。問題は、地方に活力をもたらすべき若者が毎年2割ずついなくなり続け、それに対する措置がまともになされていないことである。

地方人口は、毎年0・2〜0・3％が大都市に流れていく状態が続いている。このほとんどは、大学進学によるものである。地方の17歳人口の27％が自県以外の大学に進学し、卒業後もそのまま大都市に残留するのは20％に達する[1]。この地方の若者が、わが国牽引の役割を担っていることはいうまでもない。

しかし問題は、地方の経済を牽引し子を生み育てる再生産パワーが、常に5分の4にディスカウントされ続けている現実がある。地方の20〜39歳女性の再生産年齢人口は、20年たてば確実に0・8掛けの状態になる。事実、1990年に比較した2012年の地方の再生産年齢人口は83％に縮小してしまった。高度経済成長が終焉した1975年の状況から20年のサイクルを2回経過したために、現在、地方は0・8×0・8＝0・64の活力や再生産力に縮小してしまっているのである。最盛期にくらべ、地方は6割の活況水準にまで落ち込んでしまった。日本創成会議がしたり顔で言うのも結構だが、こんなことは説明するまでもなく、同じ地方を何年かぶりに訪ねてみれば、一目瞭然なことである。

あと20年もすれば、さらに0・8掛けで確実に地方は0・64×0・8＝0・51の活力にさらに

1990年に比較した2012年の人口等の増減比率

	大都市圏	地方圏	全国
人口の増減（%）	107.1	97.3	101.9
20～39歳女性の増減（%）	97.6	82.9	90.2

出所：国勢調査、住民基本台帳より

減衰する。これは分かりきったことである。いらぬ数字をはじくよりも、総力のエネルギーを、確実に招来するであろう将来の地方の姿を打ち消すものとして使いたいものである。

(3) 活力を生む手段がポロポロと手からこぼれ落ちていく地方

筆者は、2割の若者がいなくなることをカバーするために、10年前に会社を立ち上げ、都会の人たちの〝ふるさと回帰〟を喚起しその支援を行ってきた。地方にもずいぶん行った。そこから感ずることは、20年前と比べて田舎の〝風景〟があまりに変わり果ててしまったことだ。駅前のスーパーは撤退し、誘致した工場さえなくなる。耕作放棄地は急激に増加し続けている。これらは、いずれもこの直近20年の間に起こったことだ。昔のように、少しはやりようがあった時代ではなくなっている。活力を生む手段がポロポロと手からこぼれ落ちていく。

かつての0・8掛けの状態では、地方はまだやりようがあったのだろう。しかしそれから20年が経過し、0・64の水準に落ち込んでしまっては、地方の気力が萎えてしまうのもやんぬるかなである。以下は、筆者がこれまで地方の再生に取り組んできて、思うことを提言としてまとめたものである。

2 地方再生へのパラダイム変革

(1) 20年間放棄された地方政策

地方再生は、2割の逸失しつづける若者、とりわけ〝人口の再生産力の向上〟に焦点を絞る必要がある。20〜39歳の地域経済牽引者、子どもを生み育てる年代を増やすことが最も重要となる視点である。

かつては、大都市への過度な集中を防ぐため、数次にわたる全国総合開発計画や産業拠点整備計画などで国土の均衡ある発展の姿が求められた。しかし、2000年初頭の工場三法の撤廃によって大都市への工場立地の解禁以降、全国総合開発計画も腰砕けになって、筆者が知る限り地方政策はまじめに行われなかったといってよい。

2007年に三位一体の改革により国と地方との間で税財源の第一段階の垂直調整がなされたものの、議論があることを承知であえていえば、地方が〝よくなるため〟の政策はおよそ20年間放棄されてきた。

(2) 防波堤の拠点都市整備は役に立つのか

今般、地方に再び光が当たることは非常に結構なことである。現在、日本創成会議が提唱する「防衛・反転線」構想にしたがい、地方の中枢都市の拠点整備などの構想が各省庁からあがりはじめている。地方の拠点都市をダムのように人口流出を防ぐ防衛線にしようとするものである。これは地方対策として重要なことではあるが、倉庫から古い政策を持ちだしてくる印象がぬぐえない。曰く〝都市機能の大都市からの分散〟である。

20世紀にはずいぶんと地方の中心拠点整備が行われ、それなりの効用があった。地方圏のみで

1975年に人口50万人以上の都市は6つであったが、今日では合併があったにせよ14に増えている。また、地方にはずいぶんと大学ができた。このような拠点都市の形成が全国であったにもかかわらず、滲みだすがごとく地方の人口流出は止まっていない。果たして今日、〝都市機能の分散〟が地方の問題を真に解決することに役立つのか筆者には判断できない。

拠点都市を整備して周辺の田舎から通ってもらう、そうすれば人口の域外流出がなくなる。できれば山から下りてきてもらう。コンパクト・シティへの道程である。しかし、黒沢明監督の「七人の侍」では、〝川向う〟は野盗から守りきれないがゆえの撤退を指示するものの、「ウニャ、わしは行かん」と言う老人の姿が目にこびりついて離れない。

⑶ 反転攻勢の出生数向上作戦

とはいうものの、防衛できない〝川向う〟で生き延びられるこれといった妙手があるわけではない。0・64の水準を維持するための防波堤たる拠点都市の整備とそれを囲い込む圏域の設定は、ないよりもましである。しかし、堰堤をすり抜けて滲みだすがごとく圏域の子どもたちは東京の大学に行き続け、0・8掛けが進行していくことになるだろう。

だから、この状態を突破するためには、ここは一丁、防衛ではなく、反転攻勢をかけ、地方優位な〝出生率〟そのものをさらに向上させ、加えて大都市から地方への〝人の誘致〟そのものを真面目にやるしか手がないように思える。0・64の水準を維持するばかりでなく、これを0・7や0・

8の水準に引き上げる地方の再生をめざす。撤退対象にならない〝川向う〟を増やすのである。原点に帰って、2割の若者が流失し続けた結果を補てんし復元させ、人口の再生産力を高めて「出生数」そのものの拡大にチャレンジすることしか地方が再生できる道はないように思える。

(4) 出生数向上に独自の工夫ができる競争環境づくり

地方の出生数向上の実現のため、政府がやるべきことでいま最も必要なことは、地方それぞれが出生数を増やすための独自の工夫ができる、地方間の競争環境づくりである。

かつて、地方振興が政策の大きな柱であった時代は、地方拠点整備、ネットワークづくり、モデル事業など地方政策は百花繚乱であった。しかし、いずれもが、国が主導する〝機能分散〟にかかわるものであった。

いま必要なことは、20世紀型の地方再生政策のパラダイムを捨て、困難ではあるが国は〝財源〟や〝創業〟、〝ライフスタイル〟といった制度、仕組み、風土などにかかわる地方再生の政策に取り組み、地方が独自に出生数を増やす工夫ができる地方間の競争的環境をつくることに目を向けてほしいと考える。これが、地方創生にかかわる国が行うべき社会インフラの構造改革である。

提案するのは、「地方財源改革」「創業環境改革」「ライフスタイル改革」の3つである。これからはじまる地方再生は、いつか来た道を辿るのではなく、古い制度や仕組みの改革を通して、地方が独力で出生数向上ができる新しい地平が拓けるようにすることである。

2 都市集積は役にたつのか

以上は、「地方再生・三本の矢」の序章、提言の意図でした。以下、各氏との意見交換を交え、提言の意図を補足したいと思います。

1 都市の集積だけでは始まらない事態

「地方再生・三本の矢」を書く背景として、今後の地方創生にとって20世紀の政策パラダイムでは歯がたたない、地方の拠点都市整備はあまり効果がない、ということを述べました。これに対し、経済学者のなかには大都市に人口を集めた方が国の経済は活性化する、都市集中はむしろ積極的に推進すべき成長戦略と強調する意見があります。また、14の地方中核都市は、ダムではなく、むしろ東京圏から人口を吸引する力を持たなければならないハズという意見ももらいました。

確かに、都市の集積は地域経済を牽引する力があると言われています。都市の集積はなぜ起こるかについては昔から議論がありますが、ある種の〝メリット〟が存在するためだと言われています。これが経済成長のモメンタムとなっています。

岡山大学の中村良平教授は、県庁所在都市のその都道府県における人口割合を1970年と2015年について比較し、多くの県庁所在都市では県内での人口集中度が高まっていると述べています[2]。同時に、県内の中小自治体からの人口供給が底をついてきたこともあり、県庁所在都市の人口増加にも陰りが見え始め、幾つかの県庁所在都市では、この10年で人口減少となっているとも述べています。

このように地方でも都市集中が行われており、20世紀にはずいぶんと地方の中心拠点整備が行われ、それなりの効用がありました。しかし、その都市集中も陰りがみえてきたようです。

このような拠点都市の形成が全国であったにもかかわらず、滲みだすがごとく地方の人口流出は止まっていません。

だから、地方の中心都市を育成して東京流出の防波堤をつくるといっても、これまでの経験からいえば、あまり効果が見込めるものではないと思います。

② 産業集積の限界と人の誘致

確かに、産業集積は経済を牽引する効果があると考えます。

だからプラザ合意、バブル崩壊でわが国全体の経済成長に陰りがみえたとき、世の関心は地方都市を措いて大都市東京をどうするかになりました。東京に工場や大学の新増設を規制する工場等制限法を２００２年に廃止し、工業など地方へ移転する事業者に補助金を出していた工業再配置促進法は２００６年に廃止され、東京に工場や大学ができるようにしたのもその一例です。いわゆる工場三法の撤廃です。

また、全国総合開発計画も1987年の四全総が「地域の整備は地域自らの創意と工夫を機軸として推進する」と言ったあたりから、「これは国の役割を放棄した全総法違反ではないか」という状況になり、五全総を最後に2005年には全総を放棄し、国土形成計画というものに改められました。

工場三法が有効に機能していたときは、工場や大学は東京郊外や地方に分散しました。昔は、新産・工特といわれる産業拠点が全国各地につくられ、その後、テクノポリスなどの産業政策や工場の地方分散が図られました。地方に多くの大学が設置されました。

この文脈でいえば、地方には1960年代の新産・工特（産業拠点づくり、素材産業）→1980年代のテクノポリス（産学連携、頭脳産業）→2000年代の産業クラスター（産学間ネットワーク、内発型産業）→2020年代（??産業）ということが考えられてもよいと思いますが、「??」について説得力ある提案が思いつきません。

現在、国家戦略特区や地方創生特区では、医療産業の集積を図るなどの提案が多くみられます。ICTやIoT、ロボットあるいは水素社会に対応した地方産業育成について、どなたかが現実的な提案をしてみるのも一案かもしれません。

むしろ、かつてのこうした産業政策が有効だったか、を考えておく必要があると思います。テクノポリスは多分、影も形もないのではないでしょうか。また、地方に分散した工場の多くが経済のグローバル化に応じて撤退しました。東北地方は、電気機械産業が集積する地域ですが、

2002年1年間でここからの工場撤退によって13%を超える従業員が削減されました。

問題は、地方に分散する産業が、実は〝工場〟であって本社ではないことによるものです。これと同じことが〝オフィス機能〟についても言えます。筆者はかつて、地方中枢都市の成長を支援するため、〝支社〟機能論を展開したことがあります。当時はそれなりに役にたったようですが、その後、バブル崩壊にともない東京本社機能の強化のため一極集中化が図られ、地方のオフィス機能は支店に格下げされています。

したがって、政府が工場やオフィスでない本社機能そのものの移転を図るというのは一理ありますが、果たして現実的な答えであるかどうか、分かりません。

工場や本社などいわゆる産業機能の移転で済まないのなら、大都市企業の従業員や大都市の人々など〝人〟を誘致して起業させることや、地元の企業を育成することが必要となります。これが本命でしょうね。これまで政府は2000年に入ってから〝内発型〟の産業クラスター政策を推進し、大学発の起業がみられるようになりました。しかし、これをどうやって拡大するかについて、「地方の老舗の拡大を図る」では問題を正面から見据えているとは到底思えないし、2014年暮れの政府の総合戦略に示された「包括的創業支援」という既存事業の羅列では、ないよりましである程度に止まるでしょう。

だから、ここは一丁、〝人〟を誘致しまた地元の人々が参加できるよう、地方が独自に産業を育てられる環境を用意しなければなりません。

3 大学はどうあるべきか

大学についても産業と同じように、地方分散や内発型育成が難しいようです。道州制にしてその首都にドイツのような立派な大学をもてばどうかというものです。必要なことですが、どう実現するか。

この間、地方には随分大学ができ、なかにはユニークな大学も現れました。しかし残念ながら地方の子どもたちの27％は東京などの大学に行き、20％が戻ってこない現実が続いています。これは地方の人口減少の年率０・２％と同じです。滲みだすがごとく人口の漏えいが止まることなく続いているということです。地方の問題の本質はここにあります。

そのため、さまざまな産業政策や大学育成政策が地方にうたれてきました。そして１９９０年代に東京に世の関心が移ってから、地方は公共事業によってかろうじて生きながらえてきたということでしょう。

地方の問題をより深刻にしたのは、国が地方問題の解決を放棄した１９９０年ごろより女性の４年制大学の進学率が急速に高まったため、地方の子ども数が激減したことです。地方の子どもが少なくなったため、東京にある早稲田大学、慶応大学をはじめ青山学院大学、駒沢大学、法政大学など多くの大学は、地方の子どもたちを対象にした奨学金を多発する競争を開始しました。

地方にとってさらに猶予ならぬ事態になっています。

しかし、地方の子どもたちが東京の大学に来るのを止めるわけにはいきません。地方の大学が魅力的な存在になるまでの間、3つのことをやるべきだと考えています。

1 地方就職支援と地方大学からのリクルート

第1は、地方就職のリクルートを支援することです。横浜市にある横浜市立大学、神奈川大学、関東学院大学などが、Uターン就職を勧める取組みを開始しました。3割に上る地方出身学生を対象に2013年から地方企業就職説明会を行っています。働く場が地方にないからみんな東京に出てくると言われていますが、そんなことはありません。地方企業は新卒採用難にあります。東京圏全体の大学合同の地方企業就職説明会をしっかりした仕組みにすべきです。

これに関連して思い出すのが、「奨学米」で起業した若者のことです。「米は食うものではなく、コミュニケーションのツールである」を事業コンセプトとして、地方農家と連携して米を東京に下宿している学生に無償で届ける。奨学米です。農家は消費者の反応を直接聞け、学生の休みには援農が期待でき地域を知ってもらえる、学生が社会人になってからも子ども連れで付き合いが続く。こうした、地方と学生の間を結び、リクルートとしても使える事業がたくさん出てくることを期待したいと思います。

また、大企業の新卒リクルートの〝支援〟が検討されていいと思います。企業が採用に際して優秀な大学から選ぶのは、リクルート・コストを抑えるためです。地方大学にも優秀な人材がいるので、大企業が地方の大学からも採用を増やすようにするため、支援策を検討してもいいと考えます。このことが、ヨーロッパの地方大学のようにわが国の地方の大学の質を向上させ、結果として東京にわざわざ出てこなくてもいい環境ができることになります。

2 奨学米つき給付型奨学金

第2は、奨学金の大々的な増設です。ご存じのように、わが国のGDPに占める公的教育費は3%でOECD先進国最下位です。平均6%との差はもっぱら奨学金にあると言われています。

地方移住しても子どもが大学に行く頃になると、学費が捻出できないため、東京に戻るケースがたくさん見られます。親の投資に頼る現実を改めるため、〝Uターン引き戻し権付き〟地方裁量の公的奨学金を拡充する必要があります。今般、政府は給付型奨学金や官民一体となった奨学金のファンドを準備しています。それとは別に、市町村の裁量で奨学金を創設できるようにするために、後の「三本の矢」の第1の矢で言いますが、地方交付税を改革し財源復元機能をもたせろというのは、その原資を得るための方策です。

これに関連して、兵庫県養父市では2016年度〝引き戻し権付き〟給付型奨学金を予算化しました。月5万円年60万円を支給するもので、15人枠の募集を行ったところ、28人の応募があり、急きょ予算枠を拡大して全員に支給することになったようです。これは重要なことです。養父市では大学進学などで17歳人口の7割を超える202人が転出し、そのうちUターンするのは40%、81人であり、結果として大学進学による社会増減は△121人の減少と推計される状況にあります。ですから、28人が戻ってくれれば、養父市の将来にとって計り知れない変化をもたらすと思われます。

この給付型奨学金に、先に述べた奨学米をビルトインしたらどうかと考えます。お金とお米をセットにするのです。東京に下宿している学生は、実家から米や野菜が届く日には友だちとの約束をキャンセルして下宿で届くのを待つことが多いと聞きます。1か月分の米が確保できれば、なんとか安心した生活を送れるというものです。養父市の例でいえば、奨学金は月4万8000円にして、奨学米を5kg送る。

奨学米つき奨学金です。これが行われれば、どこに消えてしまうかわからないお金よりも、確実な生活が保障されます。Uターン条件付き奨学金では地元のお米ということになるでしょうが、政府の給付型奨学金ではどこの地方のお米でもいい。継続的に届けられる同じ生産農家の名前入りのお米。むしろそうすることが、奨学米の精神である地方米作農家と東京の学生の間のコミュニケーションを活発化させ、学生が将来、地方に就職することや移住する下地をつくります。「奨学米」の幟をたてたトラックが頻繁に行きかう光景が目にみえるようです。

3 価値観変化に向き合う教育制度の改革

第3は、教育制度改革です。大学に行く価値は何なのか、議論する必要がありそうです。オーストラリアのようにほとんど全員が大学に行くことが必要とは思いませんが、いま一度、国の目指す方向や人々の生き方に対して大学の役割はどうあるべきかについて議論をし、それに応じて初等・中等教育を改革していくことを避けていては、地方の問題の本質には迫れないと感じています。

国民の価値観は20世紀にくらべ相当変化したようです。かつては「より豊かになる」、自分の〝暮らし〟を豊かにすることが人生の価値としてあたりまえでしたが、いまはそれよりも「よりよく生きる」、自分の〝人生〟をよりよくすることに価値観の重点が移ったようです[3]。これまで行われていた「豊かさ追求」のための進学教育と、「よりよく生きる」を実現できるようにするための教育は自ずと違うものであるはずですが、この改革が全くなされていません。

これについて、スイスに娘さん家族が住んでいる友人の情報によれば、スイスでは職業教育が重視されているようです。まず勉強が非常に不得意な生徒向けには、中学校から職業訓練を重視する州があります。中学校を卒業した生徒の約2割は大学進学を目的とする普通高校に進学しますが、大多数は2~4年間の見習い訓練を含む職業訓練学校などに進学し、入学後ただちに職業選択準備が始まり、それぞれの職業内容に沿った授業を行い、保護者と職業カウンセラーを交えて進路を決定していく、という教育制度のようです。もちろん、こうしたコースから大学にいく人も多いようです。わが国の教育改革のひとつの方向かもしれません。

２０１５年に兵庫県養父市の市民１５００人に、子どもの将来のためどういう環境を整備して欲しいか聞いたところ、「人へのいたわりの気持ちがもてる環境づくり」42％に次いで、「手に仕事がもてる教育の環境づくり」が35％と2番目に高い要望となっており、正直びっくりしました。〝手に仕事がもてる教育〟が望まれている。人々の教育に対する意識もずいぶん変わってきたようです。

政府は、「実践的な職業教育を行う新たな高等教育機関の制度化」として〝専門職大学〟の設置の検討を開始しました。

地方問題の本質である〝地方の若者が東京の大学に行ったきり戻らない〟ことを解決するためには、教育の改革は急ぎ行うべきです。これを避けては通れないと思います。

注

1 「財源復元機能をもった地方税財源の実現」（玉田樹　㈶地方財務協会　「地方税」２００７年7月）

2 「地方創生の本質」（中村良平「日経研月報」２０１６年7月）

3 「『豊かさ』の終焉、『よりよく生きる』社会モデルへの挑戦」（玉田樹　野村総合研究所「知的資産創造」２００３年6月）

第1章

努力が報われる財源配分

この章では、提言「地方再生『三本の矢』」の第1の矢、地方交付税改革について述べます。はじめに、提言内容をまず紹介し、その後、意見交換にもとづく追記を述べることにします。

1 提言：第1の矢「地方財源改革」：復元力のバネとして地方交付税の再設計

地方創生の第1の矢は、地方交付税を地域の〝出生率の高さ〟ならびに〝再生産人口の減少量〟に応じて配分するよう再設計することを提案する。

1 提案の背景：ボロボロになった地方の再生産力

2012年の合計特殊出生率（一人の女性が一生の間に子どもを生む数、以下、出生率）の全国平均は1・41である。大都市圏は1・29であるのに対し、地方圏平均は1・47なので再生産年齢人口（女性の20〜39歳人口）が大都市の800万人よりも100万人少ないにもかかわらず、大都市と同じ程度に年間およそ51万人の出生数がある。

この地方の1・47の出生率が仮に0・1上昇すると、出生数はおよそ7％上昇し4万人増えて55万人の年間出生数になる。また、現状の地方の再生産年齢人口のもとで出生数を2割増やして62万人とするためには、出生率を1・76まで引き上げなければならない状況にある。

地方の出生率を1・47から1・76に0・3高めることは可能だろうか。そこまで高められないとすると、再生産年齢人口を増やすしかない。ところが問題は、とくに、地方の再生産年齢人口は、この10年あまりで激減してしまった。地方の総人口に占める女性の再生産年齢人口の比率は、1990年には12・9％、2000年には12・6％あったものが、2012年では11・0％に激減してしまった。おそらく、長男・長女社会のもとで女子の4年制大学の進学率が1990年頃から急速に高まったため、とくにこの10年間で地方の再生産力はボロボロになってしまったのだろう。もはや、地方は、出生〝率〟の向上のみでは成り立たなくなってしまっている。

したがって、子どもたちの大学進学による2割減をカバーするほどに地方の出生数を増やすためには、〝出生率の向上〟と〝再生産年齢人口の増加〟を同時に合わせ技でやらなければならない。しかし、地方は、独力でこれを行っていくすべをもっていない。そこで、地方交付税制度の再設計を行うのである。

地方の出生数に関するシミュレーション

2012年　　（千人）

		（年間出生数）		（定数）		（出生率）		（再生産年齢人口）
現　状	大都市	524.1	＝	0.050574	×	1.29	×	8,034
	地　方	513.0	＝	0.049942	×	1.47	×	6,988

（地方のシミュレーション）

出生率0.1上昇	547.9	＝	0.049942	×	1.57	×	6,988
出生数2割アップ時の出生率	615.6	＝	0.049942	×	1.76	×	6,988

2 財源復元機能をもった地方交付税への改革

(1) 「現在を評価」している基準財政需要額の改革

国税の地方還元たる地方交付税は、地方財源の足りない分に対する〝財源保障機能〟と地方間の格差是正の〝財源調整機能〟の議論がこれまであった。いずれもが、結果平等を図るものであった。

自立的な地方分権を達成するためには、財源保障に加え格差を是正する財源調整は不可避である。しかし、単なる結果平等のみでは、地方の本質的な問題解決にはならない。一歩進めて、地方の若者が毎年20％いなくなることによって生ずる「低下した活力を元に戻す」テコの機能、すなわち〝財源復元機能〟をもったものとして地方交付税の仕組みを再設計することを提案したい。

周知のように、地方交付税の配分は、自治体ごとの基準財政需要額の大きさで概要が決定される。基準財政需要額は、それぞれの行政分野ごとにその需要額が算定され積み上げられていく。例えば、教育分野であれば、現在の教職員数や生徒数、学級数、学校数、人口などが測定される仕組みになっている。人口減少し縮小した「現在」が評価されるがゆえに、より多くの地方交付税を受け取るために〝ハコモノ〟重視という批判が上がったのは昨日のことだったか。

これまでの地方交付税は、人口が減り低下した活力の状態そのままの〝現在を評価〟して財源が配分されている。しかしこれは、地方の縮小均衡を是認している。

むしろ、これまでの方式を変えて〝回復力、復元力のバネ〟、すなわち地方が縮小した現在を元に戻そうとすることにチャレンジしようとすることを評価した〝財源復元機能〟として地方交付税配分のあり方を位置付け直してみたい。誤解を恐れずに言えば、若者が出て行くことはやむをえない、むしろ多くの若者を輩出したほうが多くの地方交付税が配分される、ということである。そのためには、人口の再生産力を高め続けることが不可欠となり、それが機会平等の〝財源復元機能〟となる。

2つの評価基準を導入し、地方間での競争環境づくりを行うことを提案する。

(2) 出生率向上チャレンジ評価による〝出生率〟向上の競争環境づくり

地方の平均出生率は1・47で、最低の北海道1・26から最高の沖縄1・90まで幅広く分布している。しかし、筆者が相関をとってみたところ、現在の地方交付税の配分は出生率の高さとは無関係である。あたりまえと言えばその通りであるが、これでは、地方は何を目標に頑張ればいいのかが見えない。

これを変え、出生率の高さに応じて地方交付税を配分する。これが〝現在の評価〟に代わる「将来への取り組み＝出生率向上チャレンジ評価」であり、こうした仕組みを導入し、地方間で競って出生率向上競争が起こることを期待したい。

出生率の向上は、かねてより政府対策が練られてきたが、この出生率向上の方策について、いよいよ全国を挙げて取り組む時期が到来した。地方に知恵を出してもらうのである。地方交付税をこの工夫の施策のために使いたいのである。

出生率が高いので多くの地方交付税をもらえるところは、さらに出生率をあげるために、子育て費の助成や無償化、あるいは大学までの教育費を無料にする自治体がでてくるかもしれない。政府の教育支出があまりに低いため、家計の投資に頼っていた教育費を自治体が肩代わりするのである。多くの住民は安心して子どもが生めるだろう。さらに、それを当て込んでくる移住者も増えることが期待される。

こうした制度変更に対して、地方交付税はヒモがついていないので、多くもらった地方交付税が別のところに使われてしまうという危惧を聞くが、これは本質を見誤っている。配分された地方交付税を他に使ってしまえば、出生率の向上が期待できなくなるので、地方交付税は少なくなるのである。

出生率向上のためには、政府による全国的な政策に加え、地方が独自に競争的に新しい施策を出すことを期待して地方交付税の再設計を行い、地方の再生につなげたい。

(3) 逸失した子育て数の評価による〝再生産力〟向上の競争環境づくり

1990年代から始まった女性の4年制大学進学率の高まりで、地方の人口再生産力がガタ減りしたことは、すでに述べたとおりである。そして、東京に残った女子は、企業の管理職に登用されていく。

問題は、子女を送りだした地方である。筆者の試算によれば、納税者を一人育てるために地方は4500万円の財政支出をしている。成長した子どもは生涯に2300万円の地方税の納税をするが、これは期待値で実際は2割が地方から逸失するので、地方に残る納税者が一人当たりおよそ1800万円の地方税を納める計算になる。また国税の還付にあたる地方交付税が納税者当たり生涯900万円相当地方の収入となる。結局、地方の子育て収支は納税者一人当たり1800万円のマイナスとなっている[1]。

納税者として期待された子どもの2割の逸失が補てんされないことによって、地方はますますジリ貧になっていく。現在の地方交付税制度は、この地方の機会損失に対して有効な手立てを打っていない。

これを変え、17歳人口が地方から減少する大きさを「縮小する前の段階=逸失した子育て数の評価」を組み込んだ地方交付税制度にすべきである。県外大学進学数が多ければ多いほど、国の発展への貢献が大きいことを評価するのである。

地方にとっては逸失した納税期待値が補てんされることによって、それを原資とした人口の呼び戻しの施策に使えることになる。例えば、Uターン条件付き奨学金の設置や、後述するように起業誘致条例による起業家の誘致補助など、人の誘致のために自治体独自の恒常的施策が打てることになる。

3 地方間の新しい競争環境を出現させる

このように、地方交付税制度は、縮小した現在を評価する基準財政需要額のくびきから離れ、「出生率向上チャレンジ評価」、「逸失した子育て数の評価」というように、縮小した地方が元に戻るバネの機能へと進化させるタイミングである。これによって、地方は競って出生率を高め、再生産年齢人口を増やし、地方の出生数が高まる工夫をするだろう。この機会を失すれば、地方はいよいよ再生産人口の減少に歯止めがかからず衰退は止まらないだろう。

このような新しい評価基準は、これまでの基準財政需要額の補正係数で処理することでは、その主旨が生きない。地方交付税総額の例えば2割や3割をこの新評価基準枠に設定し、配分する気構えで臨んで欲しい。5兆円をめぐる「出生率」と「逸失子育て数」競争が地方間で始まる。

地方交付税の評価基準の変更

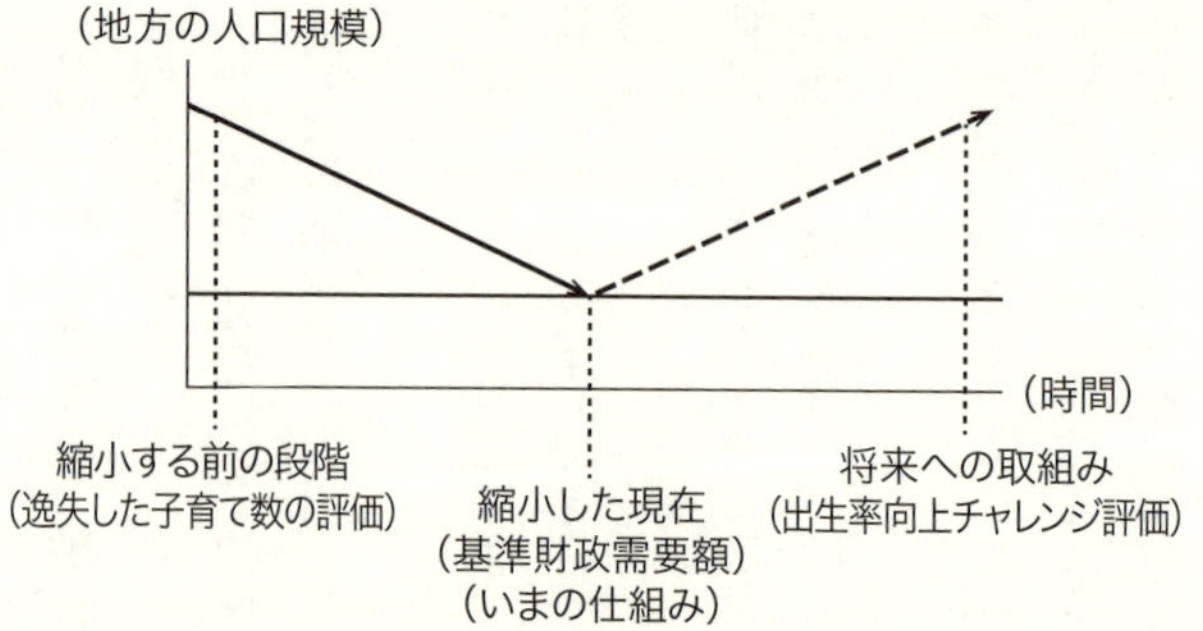

2 地方交付税の仕組みを変える困難をはねのける

1 財源復元機能への変革の意味と狙い

(1) 財源復元機能の意味の再確認

地方交付税は、地方財源の足りない分に対する〝財源保障機能〟と地方間の格差是正の〝財源調整機能〟の2つがありますが、「第1の矢」ではこれとは別に〝財源復元機能〟をもたせなければ、地方創生はおぼつかないことを提言しています。

これに対し、多数の方から意見をもらいました。「そもそも、こんなによくできた地方交付税の仕組みを変えるのは難しいのではないか。」「地方交付税に『財源復元機能』を論拠だてるのが難しい。」というものです。つまり、現在の地方交付税制度は、きわめてよく設計されているので、それを変えることは困難ではないか、という意見です。

現在の地方交付税は、財源保障機能や財源調整機能に依拠して、地方の人口の減った現在を基準に配分されています。あたかも、地方が縮小することを是認しているかのようです。これを、地方が失った人口を〝復元する力〟を得る仕組みに改革し、自治体間の競争を促すことが必要です。これが財源復元機能です。「出生率の高さ」を算定して配分し、その財源をもとに、さらに子どもを産み育て進学しやすい環境整備のために使う。また、「逸失した子ども数」を基準に配分し、得られた原資は子どもの逸失を防ぎ、若者の誘致資金にあてるというものです。

地方交付税制度は、確かに、きわめてよくできた仕組みで土台がしっかりしたものですが、しかし時代の要請に合わせいろいろな装飾が施されますます分かりにくい仕組みになったのも否めません。これが〝地方創生の時代〟の要請に合わなくなったのなら改革をしなければなりませんが、土台がしっかりしているために改革しにくい。

しかし、地方交付税の現在の基準財政需要額による配分基準は、縮小した現在を評価しているため、地方の復元へのチャレンジを阻害している〝一種の規制〟です。地方交付税額の一定割合を対象にして、財源復元機能をビルトインすることを開始しなければ地方はもちません。

⑵ 地方の自律的な挑戦が可能となるように

今般の地方創生に際し、政府は地方に対し「地方創生や人口減少の克服に取組む経費を地方交付税の算定に反映する」ことにしています。

この政府の地方交付税の扱いは、本書での「三本の矢」の主張と同じようにみえます。しかし、お金の出所が違う。政府の地方交付税では使った分だけ政府に〝認めて〟もらってお金をいただくのと、「三本の矢」では自分で持っている金を〝自由に〟使う、の違いです。これは、違うことです。

だから、政府の言う現行の算定方式の上乗せでは、金太郎飴のような地方再生方策のオンパレードになって競争的環境が生まれにくい。ここは、地方が独自に試行錯誤する道を開くためにも、地方交付税に財源復元機能をもたせ自由で自律的な挑戦ができるようにすべきです。

もしそれが不安だというなら、地方が実施した施策の報告を国が求めれば足りることです。思いもよらない効果をみせる施策が発見されたら、その施策に〝ビジネスモデル特許〟を付与する気構えが欲しい。

２ 地方創生施策へのビジネスモデル特許の導入

(1) 地方の発想を縛るＰＤＣＡ

この〝ビジネスモデル特許〟について、少し説明をします。その前に、寄り道になりますが、政府が推進している地方それぞれの創生戦略について触れておきます。

今般、全国の市町村は「地方版総合戦略」をつくりました。知っている限りで言えば、創生する「目標」―「手段」について触れていることが多いようです。目標と手段の間に「戦略」がほとんど見えない状況です。他の市町村も同じことをやるのだから、「戦略」なしで目標に立ち向かうのは、竹やりで戦うようなものです。まず、述べておかなければならないのは、おそらく政府も自治体も「戦略」に意識が及ばなかった、としか言いようがありません。

加えてより問題だと思ったのは、政府が地方創生戦略には〝ＫＰＩ〟と〝ＰＤＣＡ〟が必要だとまくしたてたことでした。ＫＰＩはKey Performance Indicatorつまり目標の達成度合いを測る定量的指標のことで、ＰＤＣＡはPlan（計画）→Do（実行）→Check（評価）→Act（改善）の4段階を繰り返すことによって業務を継続的に改善することです。いわば、計画の進行管理を織り込み済みの戦略をたてろ、ということです。

昔、神奈川県鎌倉市の総合計画づくりを、半ば市役所に出向する形でお手伝いしたことがありました。地方自治法が基本構想を必要不可欠なものと定める以前に、鎌倉市では総合計画をつくったので相当先進的であったと思います。その後、10年近くお付き合いをする途中で、「計画の作りっぱなしはイカン」ということで計画の進行管理を導入しました。ところが、計画の改定時期になったら新しい計画が出てこない。それもそのはずです。進行管理に躍起となって新しい発想が生まれなくなったのです。市長に「進行管理はやめましょう」と提言して、やめにしました。

また、過日、ある県の知事に呼ばれ行政改革の委員をしたことがあります。資料の山が積まれた委員会でした。事務局が各施策についてのＫＰＩとその進捗をことこまかに説明してくれました。最後に「それで、どうするのですか」と聞くと、答えがない。Check（評価）に時間と紙をとられ、Act（改善）まで及ばない。ＰＤＣＡサイクルにこだわると、今後の展望を描くことができなくなるようです。

ＰＤＣＡサイクルは、いくつかの矛盾と反省を生じさせる可能性が高まることを念頭におくべきです。まず手続きの煩雑さです。複雑な評価の体系があり、膨大な評価書ができあがります。その結果、未来志向が欠如してしまうことです。厳密な評価をやりすぎるため、チェックばかりに時間を消費し、未来を志向するより後ろ向きのほうが楽であると思わせてしまうことです。

もっとも、ＰＤＣＡは、国の〝事業〟に対しては有効かもしれません。政府の方たちは溢れる知恵をもって頻繁に〝新規事業〟を打ち出してきますから、その進行管理が必要です。しかし、今般の政府が地方に向かって声高に叫ぶＰＤＣＡは、容易に地方を先のような状態に導くことが予想されました。ましてや、Plan（計画）が未着手の段階からＰＤＣＡを強要すれば、真面目な地方公務員は萎縮すること請け合いです。

だから、一方で奇想天外な地方創生のアイデアが出る環境を用意しなければなりません。そのひとつの方法が、地方創生の思いもよらぬ効果が見込める施策に、ビジネスモデル特許を付与したらどうかと考えるものです。

⑵　発想を開放するビジネスモデル特許

ビジネスモデル特許。これはＩＴの進展とともにビジネスの方法に関する特許として２０００年頃より普及したものです。

一般には、コンピュータやネットワークそのものには技術的特徴が乏しいため、それを使った発明によってどのようなビジネス（アイデア）を実現しようとしているか、というビジネス方法に特許を付与するものです。事業方法や営業方法など人為的取り決めが特許の対象になるものではないと言われています。

しかし、地方創生に関して思いもよらない効果をみせる施策が発見されたら、その画期的な地方創生施策を対象にしてビジネスモデル特許を付与してほしいと考えます。

かつて、1987年に策定された四全総が「地域の整備は地域自らの創意と工夫を機軸として推進する」と言ったあたりから、地方のアイデアを国が吸い上げてそれを国のモデル事業として全国にばら撒くことが行われました。折角の地方の創意を喪失させてしまうことが、当然のことのように行われていたのです。

これは地方の主権の侵害です。その画期的な地方創生施策のアイデアにビジネスモデル特許を付与し、他の自治体が同じアイデアを使うなら例えば1000万円、国が使うなら1億円の特許使用料を支払う、こうしたことが行われなければ地方創生も地方戦略ももちません。

今般の地方創生では、地方交付税の〝財源復元機能〟改革にあわせ、有効な施策について〝ビジネスモデル特許〟を検討すべきだと思います。

今後、これらの準備ができた段階で、政府は、PDCAをあまり声高に言わず、早い時期に再度、各地方に「地方版総合戦略」を作らせれば、きっと素晴らしい戦略が各地からあがり、地方創生が一気に進むと筆者は考えます。

3 財源復元機能の制度設計について

1 制度設計は誰がやるのか

さて、財源復元機能の要件である「出生率」と「子ども逸失」について、指標にかかわるいくつかの意見をもらいました。

まず、地方の「出生〝数〟」にすべきだという意見がありますが、すでに述べたように、女性の4年制大学の進学率が高まり戻らない人もいるため、地方で子どもを産む母数が激減してます。したがって、「出生〝数〟」に頼るとおかしなことが起こるので、「出生〝率〟」を指標にすべきと考えています。

また、「子ども逸失」については、過去の成果を今の人がもらうという点で、定住人口の増加のインセンティブにならないという指摘があります。しかし、この要件の意図は、逸失した子どもを〝奪還する〟ところにあります。したがって、逸失した子ども数が多いほど元に復元するのに多くの資金を与えて、人の奪還に努めてもらうというものです。今の人がその資金を他に使ってしまえば、人の奪還ができなくなるので将来は「子ども逸失数」そのものが減ることになるため、この要因による交付税は限りなく減っていく性格をもちます。

出生率の評価＝出生率の高さの絶対値＋A×（対前年からの増減分）
逸失数の評価＝逸失子ども数の絶対値＋B×（－対前年からの増減分）

「三本の矢」では財源復元機能について考え方、概念、理念を示したつもりで、設計を行うつもりはありませんでした。この理念に賛同いただけるなら、設計は政府がやるべきだと思っているからです。

2 制度設計らしきこと

しかし、どのような指標をとるかという指摘があるのも事実ですので、少し設計らしきことを述べれば、上記のようになります。

つまり、現在の絶対値に安住していては元も子もない。他地域との競争をして動態的な復元力を評価するためには、年間の努力を評価するものにしなければ意味がありません。上記のような式が考えられます。そうした点で、上記の式はA、Bのパラメータをどう設定するかが重要になります。

また、出生率と逸失数のウェイトをどうするか……と、ここまで考えてくると、「逸失数の評価」には、逸失をカバーする〝都会からの流入〟も評価に入れるべき、という意見もでてくることになるでしょうね。……だから設計は小生がやるべきことではない……

4 「出生率」を評価することについて

1 〝総スカンを食う〟か

「第1の矢、地方交付税改革で『出生率』を評価すべきという提言は、思いはよく分かるのですが、戦前を思い出させ、女性陣に総スカンを食うのではないでしょうか」という意見をもらいました。

政府は、人口の復元を念頭においています。地方創生は、少なくとも無くなりかけている地方の人口を増やすことですから、重要だと思います。政府は、現在の出生率1・4を将来1・8程度まで持っていきたいとしています。これを達成するため、結婚希望の実現や希望子ども数を実現するためにあらゆる障害を排除する気構えでいます。

先日、秋田県八峰町と青森県弘前市に行って驚いたことがあります。役所が〝婚活〟をやっているんですね。聞けば、他の市町村もやっているらしい。婚活といえば、民間事業者がやるものだと思っていたのでびっくりしました。政府が「切れ目のない子育て支援」と言っているのは、まず、結婚させることから始まるようです。

もっとも、これは個人の問題に行政が介入することですから、両市町とも慎重な姿勢ではありました。政府も2014年に成立した「まち・ひと・しごと創生法」で「結婚や出産は個人の決定に基づくものであることを基本としつつ……」とわざわざ注釈をつけているぐらいです。

地方交付税に財源復元機能をもたせるため、「出生率」を評価し市町村間で競争させろと「三本の矢」で提言しました。おっしゃるように、「戦前を思い出させ、女性陣に総スカンを食う」ことになるかもしれません。ご意見に対していい知恵は浮かびませんが、ここは一発、女子力に期待するしかありません。

2 女性が子どもを産むことについて

(1) 人口政策は国の最重要課題

これに関連して次のような意見が寄せられました。少々長いのですが紹介します。

「出生率で『戦前を思い出させる』というのは、戦後、軍国主義の象徴としてプロパガンダ『産めよ、殖やせよ』政策が喧伝されたことなので、出生率とは全く関係の無いという点に留意すべきです。このスローガンは昭和14年9月30日に厚生省が掲げた『結婚十訓』の最後に挙げられたもので、私が生まれた年でもあり、その前年から男が戦場に行っておりましたから出生数は減少していったということです。昭和12年ころまでは年間100万人ほど生まれていた子供が日中戦争の影響もあって昭和13年に30万人に激減したことによるものでした。しかもそれまでは政府は人口増加が国力に比して増えすぎるとむしろ嘆いていたのです。

戦後、今日までの長い間不幸にして喧伝された『軍国主義』の復活イメージと結びついて、人口政策に関する産児政策について、特に人口増加政策はタブーとして禁句になってきたというのが実情です。自衛隊が我が国において未だ軍隊ではないといっているのと同じ次元にある問題で、いかなる国も人口政策は国家においては最重要な政策の一つであるということです。例えば、アメリカにとって人口政策の最大の問題は移民問題であり、また、非白人の出生率が高いということです。これが格差問題などを含んだ社会政策に大きな影響を与えています。北欧、ドイツ、フランスもこの人口政策問題が国家統治を含めて社会・経済政策の最大の課題ということはご承知の通りです。再言しますが『戦前を思い出させる、産めよ、殖やせよ』政策とは全く何の関係もありません。

『女性陣に総スカンを食うのではないでしょうか』は『戦前を思い出させ』にかかっていますが、これはまた『現代の女性が子供を持つことに政府（親や他人を含む）にあれこれ言われたくない』という意味で『総スカンを食う』と言っておられるのだと思います。このことも間違った思い込みに過ぎないということです。一寸細かな数字は忘れましたが、厚生労働省などの若者調査によれば『子供を持ちたい』と希望する人は7～8割に達し、これは先進国、後進国ともに変わらない数字です。ただ、『子育ては楽しいですか』と聞くと日本では『楽しい』と答える人は3割程度ですが、外国・先進国、後進国ともに8～9割が楽しいと答えているのです。しかも、日本を含めてどこの国も2人以上の子供を持ちたいとの意向を持っています。日本でも3人以上持ちたいという人が4割以上になっているという調査結果もあるのです。フランスやアメリカではこの比率は5割を超えていたと思います。多くの次世代の若者が『子育てが楽しい』と思うような子育て環境を創ることは政府の役割であるわけで、その環境作りを地域の特性に合わせて実施することができるのが地方行政なのだから、地方交付税の改革と『出生率』は直接結びついた重要政策であると認識されなければなりません。多くの女性がそう望んでいるのですから、『総スカンを食う』どころか『総歓迎される』ものにならなければなりません。出生率の上昇は、地方自治体が地元住民と組んで『子育てが楽しく、2人以上の子供を産み育てる』環境をつくり、その結果として生まれることなのです。そのために地方交付税がより多く配分されなければならぬというこ とでしょう。今はじめても一世代30年かかる最も長期の最重要政策であることは間違いありません。われわれ老人は死に行く人々なのですから、われわれの老後に税金を使うよりも、子孫のために使ってほしいと思うのは私の願いでもあります。」

⑵ プレッシャーをつくる

貴重なご意見をいただきました。「結婚十訓」をネットでその辺を見ていたら、この話は、自民党vs.民進党・社民党+という構図で政争の道具になっているようです。あまり触るとよろしくないようなのですが、しかし、政争の道具になっているとは、政治もケツの穴が小さい。何かそれを乗り越える考え方を模索したいものです。

文藝春秋15年3月号に「『負け犬娘』には見合いをさせよ」酒井順子、ジェーン・スーの対談が載っていまして、〝親はもっとプレッシャーを〟と言っています。高学歴高収入の女性は選択肢の幅が広すぎて困っているので、狭めてあげる意味でも結婚のプレッシャーをかけたらどうかというものです。第三者が言えばセクハラになるけれど、これを言えるのは親であるということのようです。

いまから30年ぐらい前、高齢社会を見通して世代間支え合いの年金会計が危うくなるので、自分の〝子どもの数〟の多寡で人々の間に一種の〝いがみあい〟が将来起こるのではないかという議論があり、筆者もしました。しかし、それは不発でした。

社会の空気があまりに自由で何のプレッシャーもない。この国がどうなるのか。あまりにも律するものがない、無関心なのですかね。

5 財源復元機能が実現されたら

1 市町村合併ではすまない事態

2014年、NPOふるさと回帰支援センターが毎年行っている〝ふるさと回帰フェア〟において、市町村ごとに出生率が違うが、より詳しく見ると「集落単位」で出生率が大きく違うという議論がなされました。地方創生を考えるとき、〝民俗学〟や〝家族学〟の動員を必要とするかもしれないと思いました。

もし、提言で述べた地方交付税に財源復元機能が導入された場合、少し蛇足になりますが、出生率競争や逸失子ども数の奪還に負ける市町村が出てくるかもしれないと思っています。その場合どうするか。自治体経営が成り立たなくなるので、財政再建団体にするのか。出生数や子どもを奪還することに負けるのですから、再建団体にしても始まらない、まさに消滅都市になる可能性があります。

その事態に対して、考えられる手段は2つ思い浮かびます。ひとつは、市町村合併。しかし、受取る自治体が周辺に存在するかが問題になります。飛び地の合併でもやりますか。東京都東北地方○○村。これを延長して、もうひとつは、国の直轄地にする。地方の自治体では手に負えないなら、国が経営してみる。国ならやってくれるハズ、どうですか。これは悪い冗談ではなく、そこまで視野に入れて、地方の創生を考える。

2 現在の市町村制度が最善なのか

……と、ここまで考えてくると、市町村というのは一体何か、ということに突きあたります。市町村の境界の線引きは一体なにか。道路一本隔てた向うの自治体はしっかりしているのに、わが方は自滅している。しかし、トイメンの家の生活とわが家の生活はあまり変わりがない……だけれど、家の子どもには行く学校がない……。

ロシアの話をします。イルクーツクに近いところにクラスノヤルスクという人口100万人の都市があります。ここを訪れた時、市の車で移動して最後にお金を要求されました。すわタカリかと思いました。しかし、よくよく聞いてみると、市の職員は100人ぐらいしかいなくて年金事務をしている。市の他のサービスはそれぞれ独立した組織となって独立採算で事業を行っている。消防救急事業はサービス対象者からサービスに応じて料金を徴収する。学校も同じ。だから、渉外部門が誰かのために車を用意すれば、その人から料金をいただく。市役所の市民サービスは、一般事業会社と同じビジネスである、ということのようです。

ロシアのやり方が、必ずしもいいとはいえません。わが国のように税金を徴収して、一律にサービスをした方が効率的かもしれません。しかし、経営破たんする自治体が増えた時、こうした税徴収方式では、道路一本隔てた家のサービスに大きな格差が生まれます。この事態を想定すると、市町村があってそのもとで納税し生活を守ってもらうという現在の制度がいいのかという議論が生まれると思います。むしろ、税を納める代わりにその分をバウチャーとして市民が保有し、それはどの市町村でも使える、というような制度を必要とすることになるかもしれません。

こう考えると、地方自治体が運営する社会保障財政について、〝国有化〟も視野に入れる必要がありそうです。すでに、介護保険財政の将来を見据えて市町村合併が行われましたが、これからこんな対応では済まなくなる可能性を視野に入れるべきだからです。

6 始まったかに見える「財源復元機能」への変革

1 総務省が動き始めた

(1) 2015年度の地方交付税算定の改革

2015年2月、総務省は地方交付税の改革に動き出しました。その要旨は次のようです。

2015年度の地方交付税算定では、地方創生の推進に向けて、「地域の元気創造事業費」が前年度比500億円増の4000億円程度に拡充するとともに、6000億円程度の「人口減少等特別対策事業費」を新設する。

「人口減少等特別対策事業費」は、人口を基本とした上で、少子化や雇用対策などの〝必要度〟と、これまでの取組の〝成果〟を反映して財政需要を算定する。〝必要度〟は、「人口増減率など各指標の直近の数字が全国平均と比べて悪いところへの対応」であるのに対し、〝成果〟は、「全国の伸び率に比べて頑張っているところに報いる算定」となる。「人口減少等特別対策事業費」6000億円のうち、〝必要度〟による算定分は5000億円、〝成果〟に応じた算定分は1000億円で配分割合は5対1とする。

⑵「人口減少等特別対策事業費」とは

総務省によれば、「人口減少等特別対策事業費」の算定に当たっては、人口を基本とした上で、地方創生の〝取組の必要度〟及び〝取組の成果〟を反映するものとしています。

その上で、〝必要度〟及び〝成果〟いずれも、人口増減率、転入者人口比率、転出者人口比率、年少者人口比率、自然増減率、若年者就業率、女性就業率などを算定の指標にする案を示しています。〝必要度〟は、これらの指標の現状の数値が悪い団体（県、市町村）に対して基準財政需要額を割増す。〝成果〟は、これらの指標について全国の伸び率との差に応じて基準財政需要額を割増すというものです。

2 いよいよ財源復元機能へ

⑴ 始まった財源復元機能への改革

地方交付税は地方を助ける仕組みとして機能してきました。しかし戦後70年たち、地方の疲弊が止まらない現状をみると、地方交付税は地方に対する「生活保護費」のように機能し、地方の自立を妨げ地方のやる気を殺ぎ続けるという弊害ばかりが目立つようになりました。

そのため、努力しチャレンジする気構えを取り戻す仕組みへの改革が必要になりました。この財源復元機能の提言に対し、石破前大臣は２０１４年秋の全国市長会で「地方交付税が財源保障、財源調整機能だけでいいのか議論が必要」と指摘し、また経済財政諮問会議の民間議員らが14年暮れに「地方交付税の算定を子ども重視にすべき」との提言があり、地方の首長にも援護射撃をしていただきました。

そして総務省に財源復元機能への動きがみられました。大変嬉しいニュースです。石破前大臣に感謝です。「三本の矢」の提言のなかで最も重要で最も実現が難しかろうと思われた〝地方交付税の改革〟に手が付けられました。

地方交付税の改革が始まろうとしています。15年度に地方交付税に導入された「人口減少等特別対策事業費」は地方交付税改革の針の一穴になるのか。自治財政局は、将来的には「成果」の反映分をより手厚くしていく考えのようなので、全国の伸びに比して頑張ることが評価されることになることが期待されます。

(2) 財源復元機能への改革のベクトル

しかし、まだまだ多くの問題がありそうです。総務省の現在の指標では自然増減率を考慮してありますが、筆者の考えでは「出生率」が重要な指標です。総務省の指標は多く並べられていますが、要は〝減った人口を復元させるために、出生率を増やし出生数を確保する努力、その母数となる再生産年齢人口を復元する努力を評価する〟ことに焦点をあてることを期待します。

また、指標を算定した結果で現在の基準財政需要額を割増すとしていますが、基準財政需要額の中に「成果」を埋没させてしまう、果たしてそれでいいのか検討を要します。つまり、地方交付税の役割として、これまでの財源保障機能、財源調整機能に加え、新たに「財源復元機能」を定義することがなければ、ことは先に進まないということです。

もっとも自治財政局によれば、「各指標の数字がこれからどのように変化していくか、それを追いながら考えるしかないが…。配分割合を変えるまでには、3年から5年ぐらいはかかるのではないか」とのことです。

確かに、指標はどれがいいのか、パラメータはどう設定するのか、「財源復元機能」をどう定義するかなど検討すべきことは多いのが事実です。しかし、5年もかかるとなると問題が大きくなります。農業改革で国家戦略特区に指名され地方創生に全力を傾ける兵庫県養父市の広瀬栄市長は「内閣府や創生本部がいくら頑張っても、所管の省庁のスピードがあまりにない。改革に時間がかかり過ぎると地方は〝もたない〟」と悲痛な叫びをあげています。

総務省の自治財政局が、地方交付税に「成果」を取り入れる、つまり「財源復元機能」をもたせることに一歩踏み出したのは、大変なことで大いに拍手を送りたいと思います。願わくは、これを機に、地方交付税16兆円の3分の1の5兆円程度までを基準財政需要額の枠組みから外し、「財源復元機能」の対象にすることを急ぎ、地方が出生率の向上や移住者の受入れに挑戦する環境を一刻も早く増やして欲しいと考えます。

注

1 「地方の子育てメカニズムの創設―少子高齢化時代の地方交付税の再設計」（玉田樹　ぎょうせい「地方財務」2003年9月）

第2章

“自己雇用”の仕組みづくり

この章では、提言「地方再生『三本の矢』」の第2の矢、地方の創業環境改革について述べます。はじめに、提言内容をまず紹介し、その後、意見交換にもとづく追記を述べることにします。

1 提言：第2の矢「創業環境改革」—ふるさと起業誘致条例の制定

地方創生の第2の矢は、再生産年齢人口を地方に呼び込むために、現在の企業誘致条例の改革、もしくは新規に「ふるさと起業誘致条例」とでもいうべきものを新たに制定し、起業家の誘致、とくに女性起業家の誘致の増加を図るべきことを提案する。

① 提案の背景：田舎での生業づくりニーズの発生

安倍内閣は女性の活用に力を入れている。女性の管理職登用も必要だが、しかし、地方は女性のパワーを〝量的に増加〟させなければ持続できない状況にある。地方中枢都市に女性の職場ができたとしても間に合わない。まさに消滅するとされたローカルな地方に女性の活力を誘導しなければならない。

その方法として、〝田舎での起業家〟を広く募ることがあげられる。筆者が主宰する研究所がリーマン・ショック1年後の2009年に「全国10万人アンケート」[1]を行ったところ、仕事を持っている人を含め男女年齢を問わず社会人の30%もの人が「田舎に行って働きたい」と答えた。どうも時代が変わったようである。85％もの人がサラリーマンである社会は、却って不安定となりはじめた。〝都会での雇用よりも田舎での生業づくり〟の自立志向が増えている。

この動きを支援するため、筆者は内閣府の「地域社会雇用創造事業」および「復興支援型地域社会雇用創造事業」を２０１０～12年の３年間にわたって支援し、合計44回のビジネスコンペ（公開審査会）を全国ならびに被災地各地で行った結果、合計約２００人の６次産業関連の起業家を認定することができた。これをやって分かったことは、地方において女性の起業家が多数いることである。起業認定者の４割近くが女性の起業家であり、熱意と迫力は男性陣を圧倒するものがあった[2]。

このような地方における６次産業を中心とした起業に対する盛り上がりを捉え、具体的に起業を促し、それを担う女性などの移住者を増やすために、恒常的な起業支援の仕組みを用意すべきである。

都会での仕事より田舎で働きたい（2つまで選択）

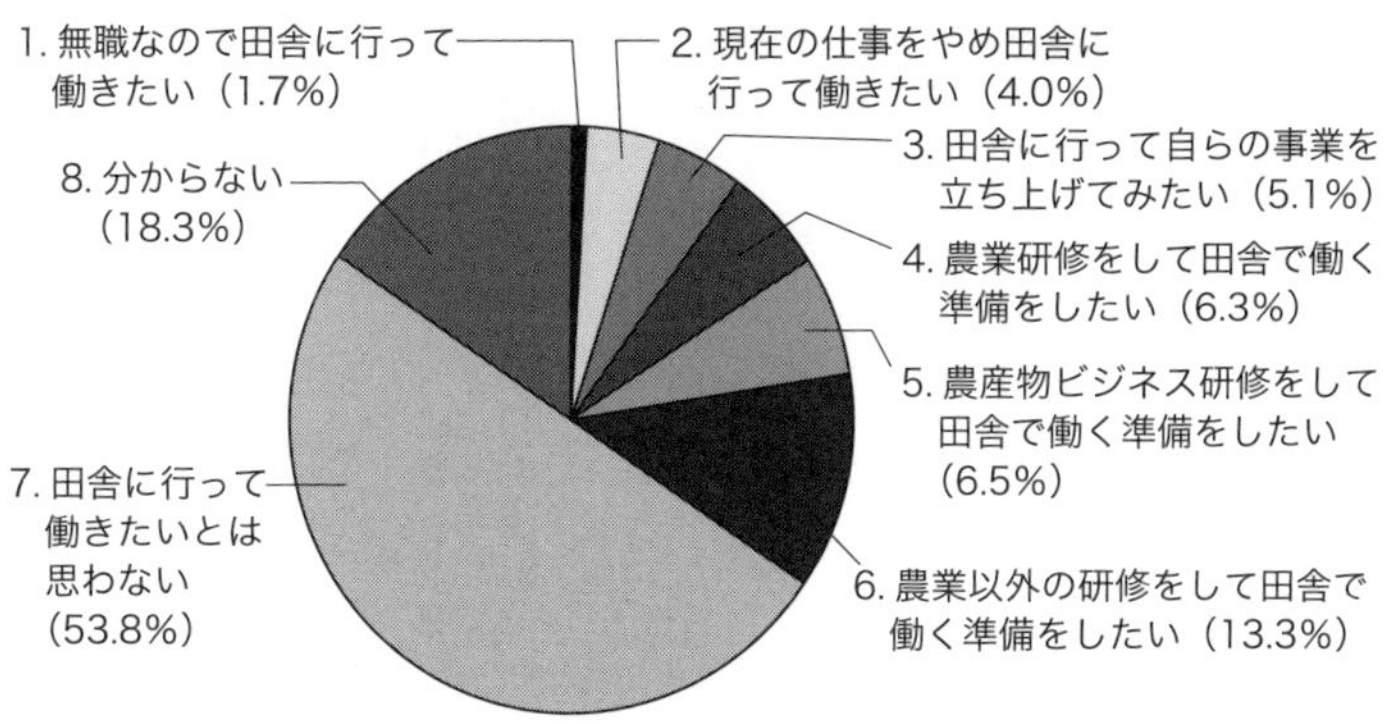

出所：㈱ふるさと回帰総合政策研究所「全国10万人アンケート（2009年8月）」

2 ふるさと起業誘致条例の制定

(1) 企業誘致条例の起業家向けへの改革

政府は開業率10％を目標として、地域創業支援事業や6次産業化ファンドを形成し支援を開始した。また、地方独自にさまざまな起業支援が行われるようになった。しかし、これらの支援策は、地方での開業が特別に意識されているわけではない、対象者が限定されている、予算規模が少なすぎて活用に制限があるなど、地方で起業するには十分とはいいがたい側面が多い。

そのため、地方での創業環境の改革が必要となっている。そのひとつの方法が、全国自治体が持っている企業誘致条例を、起業家に適用できる仕組みにすべきと考える。あるいは、別途、「ふるさと起業誘致条例」とでもいうべきものを制定すべきである。

ご存知のように企業誘致条例は、工場の誘致によって地域に税金が落ち、雇用者が生まれて納税も増えるので、誘致企業に対する補助が競って行われてきた。固定資産税の減免をはじめ、地方自治体独自のさまざまな上乗せ補助が盛んに行われている。これらはいずれも、誘致し補助する企業について最低規模の制約がある。

この企業誘致条例を、〝起業〟誘致条例に組み替えて実行することを提案する。個人での起業にも補助を出すのである。原理は企業誘致条例と同じで、個人の起業であっても、いずれ地域に事業と雇用が生まれ税金が落ちる。

筆者が事例的に検討したところ、企業誘致条例では誘致した企業の従業員1人当たり500万円の補助が出ているので、ふるさと起業誘致条例の対象者にはこれに準ずる補助がでてもおかしくない。加えて、起業予備軍を増やすために起業研修に対する求職者支援制度の適用、新規雇用者に対する雇用調整助成金の適用などを検討すべきである。

このふるさと起業誘致条例の適用の対象は、地域外からの移住者による起業はもとより地元からの起業に適用されてよい。その4割は女性起業家が占め、女性の雇用も生まれる。

(2) 企業立地促進法に準ずる制度的裏付け支援

このふるさと起業誘致条例を具体化するため、政府が行うべきことは2つある。

ひとつは、政府による制度的裏付けの実施である。なかでも最も重要なことは、現在の企業誘致条例にみられるように、ふるさと起業誘致条例にも政府の制度的支援策を用意することである。企業誘致条例では、固定資産税の減免は企業立地促進法によって減収分が地方交付税で補てんされることになっている。こうした国の制度的裏付けが、全国に企業誘致条例の設置を促進させている。個人的な起業誘致条例にも、企業立地促進法のような国の制度的裏付けを検討すべきである。

さらに付け加えるならば、ふるさと起業誘致条例による起業家には、当分、税の捕捉を行わないことを検討したらどうか。どこの国でも、どの時代であっても、経済が混とんとしていながら、そこから企業が雨後のタケノコのように叢生するのは、決まってアンダーグラウンド経済があるからである。今般の地方の再生は、そこまでの覚悟がないとできないかもしれないのである。

さらに、政府が検討している「地方の特産品の販売強化支援」は、起業後の商品販売の支援として活用できるよう設計するべきである。筆者がこれまで支援してきた起業家は、マーケティングが不十分なため計画的な売上をなかなか計上できない人が多い。これを試作品段階からテストマーケティングの支援を行い、商品開発の強化へと結びつける環境を整備すべきである。

(3)　独禁法適用除外の解除などによる事業環境創造

いまひとつは、規制の強化や緩和によって起業の参入障壁を下げることである。その最大のものは、あえて〝規制の強化〟をする、〝独禁法適用除外〟でまかり通っている事態の解除によって、地方での起業の事業機会の拡大に努める必要がある。

地方での起業の主流となる6次産業は、農業、農産物加工業、農産品流通業などを指すが、より広くは農家民宿、レストラン、体験農業などの新しい観光業、住む場所を提供する空き家事業、農村活性化のためのIT事業、2次交通などのコミュニティ事業など多彩な側面があり、地方での起業が待たれている。その事業環境を拡大すべきである。

この分野での〝農協の独禁法適用除外〟の解除が必要である。かつてソ連が崩壊しロシアになって間もないころ、農産物や工業製品の流通を一手に独占統括していたソ連時代のゴススナブという国家組織が、ある日、忽然と消滅してしまった。そのことによって、当時〝マフィア〟と呼ばれた個人の販売流通業者が大量に発生し跋扈し、経済が俄然活況を呈した。流通の独占を解除したことが、経済を活性化させたのである。

わが国では農協経由の出荷額が5割を割ったとはいえ、その影響は依然として大きい。政府が農協改革などに乗り出したが、独禁法適用除外の解消までを検討する必要がある。これが行われれば、農業分野での販売流通の事業機会が格段に増え、末端価格の4割しかない農家の手取りを6割程度まで増やすことが可能となる。

また、空き家事業でいえば、宅建業法で仲介料率が一律に縛られている状況を解除する必要がある。地方での空き家取引では、売買にせよ賃貸にせよその取引価格が都会より格段に低いため不動産業が仲介するインセンティブが生まれず、結果として民間の知恵が空き家の活用に生かせない状況が続いている。一律の仲介料という〝独禁法適用除外〟状態になっているものを解除し、地方では仲介料率を若干でも上げられる環境を用意して空き家の市場化を推進すべきである。

さらに、観光事業では、すでに6割の人が「旅行先で農業をしたい」としているにもかかわらず、地方の観光協会がこれに対応できずにいるのもおかしなものである。農家や農家民宿、農家レストランなどが参加できる新しい体制づくりが必要だ。

一方、規制緩和では、かつて食品衛生法の面積基準や調理施設の規制緩和を行い、これによって多くの農家民宿や農家レストランが生まれたことにならい、各種規制について、可能な限り起業を促すという観点から見直すべきである。

3 女性の登用は「社長」でもいい

ノーベル経済学賞をもらったグラミン銀行総裁であったムハマド・ユヌス曰く、「これまでの経済学的な考え方では『企業家精神』など稀な特質だという仮定がある。しかし私に言わせれば、企業家としての能力は実際には普遍的なものである」[3]。バングラデシュの多くの女性が、マイクロファイナンス（小口金融）によって貧困から脱出した。

わが国でもIPO（株式新規公開）をめざす起業ならいざ知らず、NPOタイプの起業が多い地方では、全く同じで女性起業家の宝庫である。しかも彼女らのほとんどは、仲間を伴って起業をめざしている。あたかもグラミン銀行の融資の条件である5人組のように、協働しお互いが絆をもって支え合う姿が、わが国のあちこちでみられるのである。

女性の活用は、何も管理職に限らない。社長でもいいのである。

地方で湧き上がるこの雰囲気を、是非形にしなければ、地方はもたない。仮にふるさと起業誘致条例によって、大都市からおよそ20万人、現在の地方の再生産年齢人口の3％分を誘引できれば、出生数を2割あげるために出生率は1・76までにする必要はなく、1・71と現状より0・24上げることで済むのである。

す。

2　田舎で起業することの意味

1　旺盛な起業意識を生かす

「地方再生『三本の矢』」では、第2の矢として「ふるさと起業誘致条例」を提言しています。しかし、政府にはこのことの主旨がいまいち伝わっていないようなので、ここで少し説明をします。

まず、前提条件として次のことを理解してください。第1に、人々は起業意識に満ちていることです。NPOふるさと回帰支援センターが、JR有楽町駅前にふるさと回帰相談コーナーをもっています。リーマン・ショック後の2009年正月明けから、ここに来る相談者の様相が一変しました。それまでは年配の人たちが多かったのですが、これが若い年代に代わり、人数も劇的に増えたのです。〝何が起こったのだろう〟思い、筆者の会社でその夏に全国を対象にして提言で述べたように10万人アンケートをやりました。

その結果、老若男女、仕事持ち・無職問わず社会人の30%の人たちが田舎に行って〝生業（なりわい）〟を持ちたいと言っているのです。驚きました。考えてみれば、サラリーマンであることがかえって不安である、ということをリーマン・ショックはもたらしたのでしょうね。「都会での雇用よりも田舎での生業づくり」が必要な時代になりました。

加えて、地方での起業意識は相当に旺盛なものがあります。これは内閣府が地方での起業を促すために行った「地域社会雇用創造事業」などで、3年間にわたって全国や被災地を支援して分かったことです。合計約200名の起業家を輩出しましたが、応募者はその4倍もいました。

もっとも、ムハマド・ユヌスが「起業家精神は万人に宿る」と言っていることは、その通りだと実感しました。まず、〝起業する〟という選択肢があることに気がついていない人は、多くいます。雇用されるばかりではなく、自己雇用＝起業という人生の機会があることを政府は大きく喧伝する必要があります。30％の人たちが田舎に行って〝生業〟を持ちたいと言っていることに応えることが地方創生を大きく進めます。

2 地域の「産業の核」を生かす

第2に、地方には地域資源があるということです。あたり前のことですが、政府はその地域資源を認定したりしています。しかし、ここで申し上げたいのは、地方には〝産業の核〟となるべきものが多く存在することです。

例えば、和歌山県古座川町では、鳥獣のジビエ解体処理施設を作りました。当初は、施設の隣にある町営宿泊施設のレストランで活用することぐらいしか見えていませんでしたが、この施設を核にしてデザイン産業、ペットフード産業、食肉加工産業などが集まりだして、優れた山村産業が花開きはじめています。

また、秋田県八峰町では、第三セクターでしいたけの栽培ポットをつくり農家に供給する事業を展開していますが、これをさらに発展させ、間引きするしいたけの加工食品や栽培ポットをフラワーポットとして活用することができれば、ここに食品加工業や花卉産業、陶器産業などが生まれます。

山口県岩国市には清流の錦川という核が存在します。現在、錦町などの45の団体が参加して流域ネット交流が組まれ、環境活動やイベントなどが開催されています。ここにカヌーやダッキーの事業者、釣りなどのアウトドアスポーツ事業者、希少種の節分草や国宝のオオサンショウウオの栽培・養殖事業や観察教育などの事業者によって〝錦川〟関連産業が形成されれば、地域には漁協などを巻き込んで新しい就業の場が生まれます。

3 〝花びら型産業〟を形成する

地域に存在する〝産業の核〟を中心としてさまざまな関連する産業が花びらのように寄り集まる、いわば「〝花びら型〟産業」[4]の育成です。

古座川町の例では、ペットフード産業は資本力があるので企業誘致条例でも対応できると思いますが、毛皮や骨を利用するデザイン産業やマイスターの食肉加工産業などは、マイクロ企業（中小・零細どころかもっと小さい企業）になるので、「ふるさと起業誘致条例」が有効になります。

他の例は、現地の地元の方たちと議論したに過ぎませんが、産業の核のまわりに関連産業を〝花びら〟のように誘致したいという地域の思いを可能とするために、地元の自由裁量がきく「ふるさと起業誘致条例」が必要なのです。

3 「ふるさと起業誘致条例」の意味を考える

1 「企業誘致条例」から「ふるさと起業誘致条例」へ

(1) 企業誘致条例とその現在

この「ふるさと起業誘致条例」について、次のような意見をもらいました。

「個人の起業についても、現行の企業誘致条例と企業立地促進法で対応することが可能なのではないか。」また、「開業資金については現在経済産業省が行っている『地域創業支援事業』や、地方が始めている起業家募集などで対応できるのではないか。」

提言では舌足らずのようなので、ここで「企業誘致条例」と「ふるさと起業誘致条例」について、追記します。

「企業誘致条例」は、県や市町村が工場などを誘致するときに補助金を与える仕組みを条例化したものです。補助金は、工場が立地するときの用地取得に対する補助、取得投下固定資産への補助、新規雇用者に対する補助などがあります。また、工場が稼働してからの固定資産税の減免、建物賃貸補助、水道・電気料金補助などがあり、さらに、借入金への利子補助、低利融資のあっ旋など、数多くの補助金が用意されています。

この補助金支出額は、経済産業省が管轄する「企業立地促進法」によって、後に地方交付税で補てんされます。もっとも、地方交付税で補てんされるのは一部なので、そのほかの補助金は市町村の自腹をきることで、自治体間の体力勝負になっています。

そして重要なことは、政府の「企業立地促進法」では、それが適用できる条件として、工場の規模などがある一定以上大きくなければなりません。そのため、小さな企業の誘致、筆者が述べている個人の起業には使えないのです。

行政が補助したお金は、後に工場の稼働によって法人事業税や従業員の所得税・住民税というかたちで行政に戻ってくるという、優れものの仕組みです。

おそらく全国ほとんどの自治体は、この企業誘致条例をもっていると思います。もちろん、条例ですから市町村の裁量によって補助の種類や規模が異なります。

ところが問題は、この企業誘致条例がおかしくなりはじめているようです。東京圏の某県では、ある知事の時代に一流企業の研究所を誘致するのに、この条例を使って巨額の補助金を支出しました。巷間、この補助金がなくても研究所は来たのではないかと言われています。東京圏という地の利にありながら体力にものをいわせ、工場三法がないことをいいことに、この元知事が自らのブログ[5]で助成をしていくつかの企業の誘致実績を誇っているのをみると、企業誘致条例は先進県として他を顧みない暴挙の横行を許し、疑うべき品格を醸成する道具になりつつあるようです。

また、先に述べたように東北地方は、関東、近畿、東海に次ぐ電気機械産業が集積する地域です。企業誘致条例を使って多くの工場が立地し、進出した大手電気メーカーが抱える従業者は、7万5000人にのぼりました。これは東北地方の電気機械産業全体に対し36%を占め、また東北地方製造業全体の10%にあたるものでした。ところが、経済のグローバル化が進展するに及んで、この大手電気メーカーの海外移転・撤退が始まり、2002年度の1年間に20の工場が閉鎖され1万人にのぼる削減・異動が行われました[6]。このように、企業誘致条例は、経済の変化に対して対応できない状況が生まれたようにもみえます。

(2) ふるさと起業誘致条例に向けて

筆者は、この企業誘致条例を「ふるさと起業誘致条例」に衣替えないし機能付加、あるいは新規制定してほしいと考えています。

ここで改めて「ふるさと起業誘致条例」について少し説明をしておきます。これは、まず、企業誘致条例と同じ仕組みをもつ、つまり市町村が補助した分を地方交付税で補てんすることを前提にします。もっとも、地方交付税で補てんされるのは限られた補助金になる可能性が高いので、市町村は自前の資金をもつ必要があります。このため第1の矢で述べた地方交付税の財源復元機能改革によって、「逸失子ども数」の評価により得られる地方交付税を財源とする必要があります。

補助の対象は、個人の起業であってもよい、つまり規模の制約を設けない。補助の種類は、起業のための研修費、アイデアを実現するためのフージビリティ・スタディ費、事業計画の作成費、応募に際してのプレゼンテーション費、起業に向けてアドバイスと支援を受けるメンター費、起業時の建物等の仮契約費、事務機器・什器等の備品費、法人登記費などが考えられます。

これらの費用の補助上限は300〜500万円といったところでしょうか。企業誘致条例によってどのくらいの補助が出ているかをみると、工場の従業員20人で1億円、1人当たり500万円という事例があります。これにならえば、1起業者あたり300〜500万円の補助があってもおかしくはありません。

このことでお分かりだと思うのですが、「ふるさと起業誘致条例」を制定する市町村は、それとセットで「ふるさと起業研修塾」や「応募審査体制」、「メンター群」などを用意する必要があります。

友人によれば、小さな起業でも経営者塾的なものもあわせてセットして、「経営者となるためのイロハ」と「メンター的に面倒をみる経営者」など上手く起業家を育てるシステムがあると良いと思います。イロハの部分は商工会議所などが大学や地元コンサルなどと組んで行い、経営者の塾的なものを作るというのもあるのかもしれません。

そして、雇用が生まれ、売上が発生する。いずれ税金で還付されることになります。どのくらいの雇用や売上が発生するかは、後段で被災地での起業者のその後について述べます。

ただ、零細な起業ですから、事業開始してからも企業誘致条例でやっている固定資産税減免、家賃補助、光熱費補助があるべきです。さらに法人税などは、暫くの間、免除する気構えがほしい。国税当局にお願いしたいのは、〝二葉の芽〟を摘まないよう、一部のアンダーグラウンド経済とでもいうべきものを許容してもらいたいことです。

(3) 一部のアンダーグラウンド経済を公認する

余談ですが、もともと社会主義国であった中国とロシアに、何で経済的な差がついたのでしょうか。国民性や資源の違いなどが大きいと考えられますが、筆者は〝徴税〟の違いも一因になっているのではないかとみています。ご存知のように中国は昔から変わらず賄賂と脱税の法治外国家です。これに対し、ロシアは2000年までは脱税国家でしたが、それ以後、徴税国家に変わっています。中国とロシアの経済成長の差は、この2000年ぐらいから歴然としてきました。

ロシアは、エリツィンの時代は税率が40%を超えていました。だから、みんなこぞって脱税に走りました。当時、政府の高官は筆者に向かって、少なくとも3割は税金がとれていないと公言していたくらいですから。この時代はモスクワはじめ各都市の経済が活気に満ちていました。資本主義という感覚が分からなくても、人々の目は生き生きしていました。ロシア1・5億総活躍社会だったんでしょうね。この1990年代の10年間を経なかったらソ連から脱皮するのにもっと時間がかかったのではないかと思っています。それがプーチンの時代になって、税率が13％に引き下げられ後ろにKGBがついている状況になって、徴税システムは機能しはじめました。この違いは大きい。そして徴税システムが機能し始めた今日、ロシア経済は停滞を迎えています。

ノーベル経済学賞を受賞したゲーリー・ベッカーは、20世紀に各国で起きた史実から次のように言っています。「政治的自由度が高かろうが低かろうが、経済的自由度が高いほうがより急速に成長する」[7]。ベッカー教授は経済的自由度の中に〝脱税〟まで想定したかは定かではありませんが……。

地方が創生しようとするとき、地方の人々の目が生き生きとしたものになってほしい。国の経済は、国民ひとりひとりが生き生きのびのびと希望を持って経済的な活躍のできる環境があってはじめて隆盛をきわめる条件が整ったことになります。だから、一億総活躍社会は、経済的自由度をどれだけ高めるかでその成否が決まります。3割もの税逃れとは言いませんが、「ふるさと起業誘致条例」などによって起業した人たちに対して行われる〝公認された税の捕捉漏れ〟、アンダーグラウンド経済の公認が、地方の総活躍社会を生み出してくれるはずです。あまりにも整然とした社会からは何も新しいことは生まれてきにくいということです。

② 〝事業仕分け〟魔女狩りの怨霊をはねのける

⑴ 起業を支援する事業が潰された魔女狩り

さて、政府は今般の地方創生総合戦略で、地方で5年間に30万人の雇用機会を生むことを目標にしました。それを達成するため、包括的創業支援として経済産業省がすでにやっている「地域創業支援事業」などをあげています。また、総務省は全国市町村に自治体と地域金融機関が連携して創業を支援する事業計画作りを要請することにしたと報じられています。地方での創業に関して、一歩一歩先に進み始めているようにみえます。

しかし、「起業」を支援するのは、経済産業省が〝本気〟でやるべきことです。同省がやっている「地域創業支援事業」や市町村がやっている各種の起業支援事業は、いずれもが〝事業〟であって、事業はいずれなくなる可能性があるわけだから、それを〝恒久化〟する社会インフラに仕立ててほしいと考えます。

総務省がやろうとしていることは詳らかではありませんが、報道をみるかぎり自治体と地元金融機関の共同でいまはやりの創業ファンド設立を促しているようにみえます。しかし、このことに関しては、動きがみられないとファンド関係者は言っています。

ここで思い出すのが、地方の小さな起業を促す事業として2010～12年に内閣府が行った「地域社会雇用創造事業」が、民主党政権の魔女狩りのような〝事業仕分け〟で「起業者の認定基準があいまい」などと言われ、駄目な廃止事業の烙印を押され尻すぼみにされてしまったことです。魔女狩り委員のひとりが、自分のかかわったほんのわずかな事例をもとに針小棒大に糾弾したために、「地域社会雇用創造事業」全体がよくないものとして捻じ曲げられてしまったことです。

(2) 内閣府「地域社会雇用創造事業」とは

ここで、内閣府が行った「地域社会雇用創造事業」について、少し説明をしておきます。これは、全国で起業を担う人材を発掘・養成し、地域社会の生活関連サービス事業と雇用を創造するため、「起業支援」と「インターンシップ研修」を行うものでした。

２０１０年〜11年にかけて32億円で８８０人の起業と、38億円で1万２０００人の人材育成を行ったものです。これを12の団体が支援し、筆者が参画した団体は「農村の６次産業起業」をテーマに全国で25回のビジネスコンペを行い、１００人の起業と３０００人の人材育成を行いました。

先に述べたように、リーマン・ショック後の10万人アンケートで「田舎に行って働きたい」人が30％に上ることからその支援が重要であると思い、筆者らが全国に「ふるさと起業塾」[8]をつくる準備を開始しはじめていた矢先に、この「地域社会雇用創造事業」が行われました。このタイミングがきわめてよかったため、この事業の支援を通じて田舎での起業の実現を図ったのです。

この事業を支援しているさなかに東日本大震災がおこったため、「復興支援型の同事業」を同じスキームで2012年に行い、これも筆者の団体は「復興6次産業起業」をテーマに被災地各地で19回のビジネスコンペを行い95人の起業者の支援をしました。

これらの事業は、各地で起業者公募と事前研修を行い、そして数次にわたる書類審査と最終的に公開ビジネスコンペを行うものでした。10名近い審査員のもと合格者を選定し、合格者にはメンターを貼りつけ開業までの支援を行うものでした。

地方を創生するには、この事業は立派な事業であったと思います。

(3) 間違いだらけの怨霊をはねのける

この「地域社会雇用創造事業」を3年間にわたり現場で支援した経験からいえば、駄目な事業というのは全くの間違いです。被災地を対象にした起業家支援は各県で継続されています。

2014年、石破地方創生大臣に呼ばれて「三本の矢」について意見交換した際、同席した幹部のひとりが「ふるさと起業誘致条例はかつての『地域社会雇用創造事業』と同じで、いい加減なもので、コンサルの食い物になる」という主旨の発言を聞いた時、〝エッ〟と思いました。〝事業仕分け〟が間違いであったことが認識されていない……魔女狩りの怨霊から抜け出せていない。

この魔女狩りからさらに導かれたのが、「起業者に〝補助する〟とはいかがなものか」という意見です。今般の総務省の計画は、起業者に補助することを措いて、いきなりファンドづくりに走るという点で、魔女狩りの怨霊を踏襲しているようにみえます。
このような前政権の怨霊は、断固としてはねのけなければ先に進みません。

3 「ふるさと起業誘致条例」はマタイ原理を発動する

(1) 小さな起業でも雇用や売上が生まれる

だが、ここでもう一度考えてみてはくれまいか。全国の自治体がもっている「企業誘致条例」とはなんなのか。言うまでもなく20世紀に工場を地方に分散させることを支える仕組みでした。工場を誘致するときに〝補助金〟を与え、後の税収増で回収する仕組みです。〝投資や融資〟ではないので、誘致した工場に配当や返済を求めるものではありません。

この仕組みが、何故、個人の起業者に適用できないのか。いずれ業容が拡大して補助した分を上回る税収が期待できます……とは、言いすぎですか。千三つの世界ですから、しっかりした工場とはわけが違いますか。

多分ご存じではないと思うのでお話ししておきますが、地方での起業というのは、個人ひとりでやるケースは少ないということです。起業者のまわりに地元の仲間が群らがっていて、お互い励まし合っていることが多数みられます。このことは、あたかもバングラデシュのグラミン銀行のマイクロファイナンス（小口金融）のようで、起業者が勝手に事業放棄をしにくい構図をすでにもっているということです。

もうひとつ。政府は総合戦略で「6次産業の市場規模を2兆円から10兆円に拡大する」と言っています。6次産業は1次産業に加工や流通を加えて付加価値をつけることですが、とくに規格外の農水産物を活用した加工事業が注目のひとつになっています。内閣府の「地域社会雇用創造事業」で6次産業起業家を対象に支援した経験からいえば、認定起業家のおよそ4割が規格外農産物の加工事業でした。被災地では、これまで捨てられていた〝水たこの頭〟を使ったタコソーメン事業や〝1匹100g未満のじゃみサンマ〟を使ったツクネ事業、〝捨てられた大漁旗や漁網〟を活用したトートバッグ事業などが立ち上がりました。

こうした地方での起業者は、株式会社形態やLLP、NPOもありますが、半分以上がマイクロな「個人事業主」(自己雇用)としてスタートしています。

4年前、東北被災地で起業を支援し95名の起業家を輩出しましたが、1年後にそのフォローアップをしたところ、事業継続をしていることが確認できたのは76名、80%でした。そしていくら自己雇用のマイクロ起業とはいえ1事業者あたり平均1・6人の正社員、1・8人のアルバイト等が生まれ、結果として119名の正社員、137名のアルバイト等、合計して256名の雇用が被災地で生まれました。また、売上は、回答した1事業者あたり平均341万円となっており、起業継続者全体として1・7億円程度の売上規模が計上されているものと推定されました。民主党の魔女狩りが間違いであったことは明白です。

(2) わずかな補助金でマタイ原理が発動する

ついでにもうひとつ言っておくと、内閣府の「地域社会雇用創造事業」の起業支援で補助されたのは上限300万円です。焼き芋移動販売事業ならこれで軍資金は十分ですが、ほとんどの起業者は補助金に加え自己資金と融資期待を事業計画であげてきます。あたりまえのことですが、いくらマイクロな事業とはいえ補助金の10倍ぐらいの資金を用意しないと事業が立ち上がりません。逆の言い方をするなら、自己資金を用意しない起業希望者のほとんどはその気合いの点も含めふるい落とされたということです。

おわかりだと思うのですが、地方に起業家を多く輩出すれば、眠っていた自己資金が世にでてくる。地方を再生するというのは、地域住民の自発的なこうした資金循環を活発にすることなのではないでしょうか。そのトリガーとしての「ふるさと起業誘致条例」なのです。それがさらに投資や融資を誘発します。

マタイによる福音書14章に「イエス、大きな群衆を前に説教を垂れた折、弟子に命じて5つのパンと2匹の魚を裂いて群衆に与えたところ、みな満腹となり余りを集めたところ12籠になった」というくだりがあります。これは〝群衆が腹をすかしているので、5つのパンと2匹の魚を裂いて群衆に与えたところ、人々はきっかけを得て自らの懐からパンを出して食べ、残りが12籠になった〟と解釈することができます。これを筆者は「マタイ原理」と呼んでいます。〝きっかけ〟を契機として自腹が開陳される、という原理のことです。

社会学者のロバート・マートンは、新約聖書マタイによる福音書の「誰でも、持っている人は更に与えられて豊かになるが、持っていない人は持っているものまでも取り上げられる」について〝マタイ効果〟と呼びました。しかし、「マタイ原理」はそれとはまったく異なるものと筆者は定義しています[9]。

「ふるさと起業誘致条例」によって小さな起業に〝補助金〟を出すのは、これをきっかけとしてこのマタイ原理が発動する環境を用意することになると考えられます。マイクロ起業への補助金をきっかけとして自己資金が引き出され、投資融資が引きずられて起る。加えて、自己雇用といえども従業員を抱える雇用が地域に発生するのです。

地方創生は、個人のやる気を引っ張り出し、マタイ原理を限りなく追求することを真剣に考えるべきです。

4 地方創生が〝自己雇用〟の機会をつくる

1 無駄を恐れない

「ふるさと起業誘致条例」はいってみれば内閣府の「地域社会雇用創造事業」の自治体版のようなもの、いやむしろ「地域社会雇用創造事業」を魔女狩りなどで妨害させないようにするため

〝事業〟ではなく、恒久化する〝仕組み〟を地方につくることです。開業の準備金の補助に加え、事前の研修制度をビルトインする。そして現行の企業誘致条例と同じように開業後の税の減免を行う。

自治体が何故これを持つ必要があるかといえば、繰り返しになりますが、産業の核を中心にした花びら型産業を〝地域の意思〟で作りこめることです。政府の事業でがんじがらめにしては、こうした芽も育ちません。

しかしこれに対し、おそらく「地方に任せていては税金の無駄遣いが排除できない」という政府からの声はあるでしょうね。でも「政府は無駄遣いをして、地方は何故してはいけないのか」と言われますよね。地方創生、待ったなしです。多少の無駄が出てもしょうがないのではないですか。この無駄が、無駄を上回る起業家の自己資金や投融資を地域に顕在化させ、千三つといえども確実に将来を嘱望される企業を育てるのですから。

ついでに言えば、こうした地方の仕組みを用意すれば、政府が嫌いなコンサルが跋扈するでしょうな。地方自治体だけでは対応できない起業研修の支援、起業審査の支援や開業後のメンターの役割などに彼らの力を必要とするからです。民主党政権は先の東日本大震災の時、総力戦が求められていたにもかかわらず、あるいくつかの特定組織が復旧に加わることを拒否したため、復旧が遅れました。この轍は踏んで欲しくないですね。総力戦でやらなければ、地方創生はできない。

2 自己雇用を燎原の火のように

かつて通産省で、日本のベンチャーは何故アメリカのように育たないのかという議論をしたことがありました。そこで得られた結論のひとつは、〝裾野〟の広がりが小さいということでした。「ふるさと起業誘致条例」を導入して地方に起業を燎原の火のように広げるチャンスです。総務省の計画する自治体と金融機関の創業ファンドや政府系金融機関は、このふるさと起業誘致条例で起業した人が、後に投資や融資を求めていくときに出番があるのです。その手前のほんの小さな起業そのものを、地域の温かいまなざしで後押しするものが「ふるさと起業誘致条例」なのです。

「ふるさと起業誘致条例」、それを導入することは政府にとって勇気のいることだと思います。しかし、地方創生長期ビジョンで示されている「地方での雇用を5年間で30万人増やす」を達成するためには、20世紀型の〝雇用〟というパラダイムにこだわらず、〝自己雇用〟つまり起業を興すことで一から「内発型産業」を作り上げていく気構えが欲しい。30万人のうち10万人分はこの起業でカバーする、どうでしょうか。

これをやるということは、成功者がどのくらいでるかのカケをすることでもあります。しかし、政府がこのリスクをとらないで地方が自ら立ち上がることができるでしょうか。〝事業仕分け〟の怨霊をはねのけて、もう一歩進むことを期待しています。

3 地域金融機関の活躍期待

以上、政府がつくる「ふるさと起業誘致条例」について述べてきました。さらに、地域金融機関の活躍への期待を付け加えます。

2012年、被災地で起業支援のため東北3県を飛び回っていたところ、気仙沼信用金庫の活動に出会いました。聞けば創業支援をしているという。広く募集し、ビジネスコンペをやって起業合格者に助成する、まさに、政府の支援を受けた私たちがやっていることと同じことを、一金融機関がやっているのですね。立派だと思いました。

気仙沼信金の創業助成は、ホームページで照会すると次のようでした。「平成23年11月に、米国NGOメーシーコープと国内NPOプラネットファイナンスジャパンとの連携による『三陸復興トモダチ基金』を創設し、雇用支援、創業・新事業開拓支援のための助成金制度などを提供してまいりました。本基金は平成26年度で運営を終了しておりますが、被災事業者の事業再開や創業支援を通じて、雇用創出や創業意識を促すとともに、経済の地域内還流を生み出す仕組みづくりにも貢献できたと考えております。」

基金の運営期間3年余の間に、76件、1億900万円の創業助成を行ったとのことです。1件あたり150万円の支援です。おそらく、ここにマタイ原理が働き、自己資金が現れさらに信金の融資が発動されたのではないかと思われます。

地域の金融機関は、だいぶ前から金融庁に地域貢献事業を明確にするようにと言われていました。巷間聞くところによれば、地域金融機関の多くは創業ファンドづくりに忙しいようです。

ですが、筆者は、気仙沼信金のように創業助成に力が入れられないものかと考えています。「ふるさと起業誘致条例」の民間版ですが、助成しても後に税金が入ってこない問題があります。でも、後に融資や投資の対象を抱え込む効果があります。

地域金融機関には、マタイ原理を信じて起業支援をしてほしいと考えます。地方の金融機関にはノウハウがないということを聞きますが、職員が育つまでここは一発政府が嫌いなコンサルと連携して地域の起業者を誘発して、地域経済が活性化することに一役買ってほしいと願うものです。

5 地方創生の中核的担い手について

さて、話を変えます。〝しごとをつくる〟ことに関して次のような意見をもらいました。

「田舎にある本市の人口は2万5000人。60歳以上の人が1万人いる。シルバー人材センターは会員登録率4％を超えて、県下や全国でも高い水準にある。多くの人にシルバー人材センターに参加してほしいが、それよりも、この1万人のパワーをどう引き出すかが本市の将来を決めるのではないか。」

いただいたご意見には、2つの問題が提起されているように思います。ひとつは、地方創生の中核的担い手としてのシルバー人材センターそのものの改革の問題、いまひとつは、地方での巨大な高齢者人口を地方創生のためにどう活かせるかという問題です。

1 シルバー人材センターの中核的担い手改革

(1) 「臨・短・軽」からの解放

まず、地方創生の中核的担い手としてのシルバー人材センターについてです。この組織は、法律に守られてほぼ全国の市区町村に存在し、60歳以上の72万人が会員となって請負・派遣などの仕事が行われています。

今般の地方創生で政府は「ふるさとづくり推進組織数を2020年までに現在の3倍の1万団体に増加させる」といっています。ふるさとづくり推進組織は全国にいろいろありますが、筆者のつたない経験によれば、地方で最もしっかりした組織は、このシルバー人材センターだとみています。現在、ふるさとづくり推進組織がないところでも、このシルバー人材センターを地方創生の中核的担い手にできれば、その効用は計り知れないと思います。

ただ、大きな問題があります。シルバー人材センターの取り扱う就業は、高年齢者雇用安定法により、臨時的かつ短期的（概ね月10日程度以内のもの）又は軽易なもの（概ね週20時間を超えないもの）に限るものとされています。このいわゆる「臨・短・軽」要件の枠が導入されたのは、

40年近く前のセンター設立時に、これを福祉との接点にある「生きがい就労」の機会を提供する機関として位置づけようとする基本的な考え方があったからだそうです。

厚生労働省の検討会報告書10によれば、40年も前の民業圧迫を配慮した福祉的「臨・短・軽」は時代にあわないので、変えていくべきだと提言されています。今般、派遣事業に限って週20時間は40時間にする法案が国会に上程されています。しかし、現場のシルバー人材センターは、〝派遣事業〟に限ることはナンセンスだとみています。派遣事業はシルバー人材センターの事業のうち一部で、本来の仕事は請負事業や自主事業だからです。

⑵　自主事業の拡大

自主事業について、この厚生労働省の報告書では、シルバー人材センターの「事業創造への取組」と題して、次のように述べられています。

「センターの基本的な機能は、高年齢者に適合した仕事を受注してそれを高年齢者との間でマッチングしていくことであるが、積極的に地域のニーズに対応して事業を創造していくという機能も重要である。既に一部のセンターでは、地域のニーズに適合した福祉関係の事業などを地方自治体と連携して実施する企画提案型事業に取り組んでいるところであるが、センターは、今後さらにこのような取組を拡大していくことによって、地域において大きな雇用・就業機会の提供者になっていくことができると考えられる。さらに、一定の技能を持った複数の会員が集まってチームを作って起業していけるような仕組みも考えられる。」

この考え方は、かなり重要だと思います。「企画型の事業創造をする」「地域における雇用・就業機会の提供者となる」「チームを作って起業する」、これらのことがシルバー人材センターで行われれば、世の中は大いに変わると思います。厚生労働省は、この提言の実現に向け最大限の努力を払ってほしいと考えます。それが地方創生を推進します。急いで。

⑶ 地域創生の中核的担い手

筆者の知っている中山間地にある兵庫県養父市のシルバー人材センターは、都市部の伊丹市シルバーと援農での交流を開始していますが、最近訪ねてみて改めてわかったことがあります。伊丹市との援農交流事業のため宿泊事業の準備を行っていました。さらに、耕作放棄地を借り上げて米づくりや野菜作りをしていますが、これを市民や都市住民に開放する、また、都市住民向けのツアーの企画、地域の美味しいものづくりのための6次産業の起業、大根畑での〝おせっかい〟婚活などを構想しています。

この例は、シルバー人材センターがすぐれて地域創生の中核的な担い手になれることを示しています。

全国のシルバー人材センターが、40年のしがらみを脱皮して、「地方創生」の先陣を切る担い手、プレーヤーになるようにすべきです。

そのため創生本部と厚生労働省は、全国のシルバー人材センターが「地方創生」の中核的担い手になるように積極的に位置づけることをすべきです。そのことをまず全国のシルバー人材センターと市町村に周知してほしいと考えます。

そのうえで、シルバー人材センターが行っている企画提案型の「地域ニーズ対応事業」の予算枠を「地方創生枠」として大幅に拡大し、期中にも応募できる体制をとる。できれば、シルバー人材センターにかかわる中央の余分な組織の介在を排して、厚生労働省本体と地域のシルバー人材センターと直結して「地方創生」を担う。各地のシルバーが地元自治体と協調できる体制にしたほうがいいと思います。

返す刀で、高年齢者雇用安定法などでがんじがらめにされていたシルバー人材センターの活動の各種制約を取っ払う作業が開始されるべきです。総力戦の環境をつくるのです。

2 中核的担い手としての〝梁山泊〟

地方創生の中核的担い手について、もう一言付け加えておきたいと思います。地方には〝ふるさとづくり〟を進める団体が多数あります。これまで述べてきたシルバー人材センターはその中核的担い手のひとつです。

また、そんなに数は多くないですが、全国各地にキラ星のごとく〝梁山泊〟のようなところが点在しています。彼らにふるさとづくりの中核的な担い手として登場してもらったらどうかということです。

(1) 梁山泊の存在

山口県岩国市の山奥の錦町にいる藤井吉朗さんは、ここで自称「山奥大学」を主宰しています。Uターンで戻ってきた若い堀江哲さんと一緒に〝農薬不使用〟安心野菜をつくり、山から新鮮な恵みを採取して、これを〝24節気、旬の贈り物〟として広島市内の一流スーパーに専用の商品棚を用意し、〝チャリン〟と音のするお金の積み重ねの人生を送っています。この贈り物を使っているイタリアレストランの野菜の美味さは忘れることができません。

藤井さんは〝山業〟を生業にしていますが、ここに多くの若者が集まり、ある期間研修を受けて独立し全国に散っていきます。これが何年も続いています。彼は「まるで『山村産業』大学の学長だナ」と笑っていますが、静かな気魄に満ち溢れています。行政と関係をつくることを好みませんが、補助金などもらえるものは何でももらう、これを若者の研修費に充てています。まるで梁山泊のようです。

また、宮城県気仙沼市の大島にいる小野寺栄喜さんは、東日本大震災を契機にこれまで順調に経営していた事業をたたみ、地域とともに生きるため被災者の力を借りて椿油の事業を開始しました。その事業費の捻出のために、内閣府の「地域社会雇用創造事業」に応募して一度は落ちたのですが、最終回の函館のリベンジ・コンペまで足を運び、凄まじい気迫でものの見事に合格しました。

小野寺さんは外野からの揶揄をものともせず、気仙沼大島に自生する椿の種を地元被災者や支援者の力で採取して、これを事業化しています。伊豆大島に通い、また大学の研究室で研究を行って椿油の品質を高める努力をしています。この椿油は女性に大変人気があります。彼もまた、寄ってくる地元や東京の若者に対して事業を通した雇用や起業の支援を、歯を食いしばって補助金や寄付を集めながら行っています。これも梁山泊のようです。

(2) 梁山泊の存在とその意味

数はそう多くはないですが、キラ星のごとく梁山泊が地方にはあります。共通するのは、独立不羈、屹立した人格のもとに人が集まる〝有志の巣窟〟であること。そして人を育てる〝インキュベーター（孵卵器）〟の役割を担っていること。育った人たちが全国に散って梁山泊の支部ができていく。金がないので、もらえるものは何でももらうが、行政におもねることはしない。そして粘り強い、ということでしょうか。

筆者はこの10年間、地方をたびたび歩いてきました。そのなかで、こういう人たちにめぐり合えたことは大きな喜びでした。〝こういう人たちが日本を変えるのだ、地方はまだ捨てたものではない〟。きっとこういう〝梁山泊〟が地方を変えていくに違いないと思うからです。

〝ふるさとづくり推進組織〟のなかには、決して目立たないのですが、行政から距離を置く〝梁山泊〟のようなものがあり、それが世の中を変える推力になりうることを認識してもらいたいと思っています。ただし、ご多分にもれず資金では苦しんでいますので、彼らに十分な資金を提供したら何が起こるか楽しみです。きっと、〝梁山泊〟の分子が全国に散らばって、各地でふるさとづくりの狼煙をあげるでしょう。

6 高齢者の働き方のひな型をつくる

1 「人生二毛作」をめざして

先にいただいたご意見のもうひとつは、地方での巨大な老人人口を地方創生のためにどう活かせるかという問題です。これは、まさに高齢社会での高齢者の就労の問題に直結します。この問題について今回の地方創生で一定の方向性が出れば、近い将来に大都市を襲う「超」高齢社会のモデルが提供できます。

しかし、どうやるかはなかなか難しいと思います。ただ言えることは、少なくとも75歳ぐらいまでは働ける「人生二毛作」をめざして、高齢者の働き方のひな型ができたらいいなと思っています。

そのため、「ふるさと起業誘致条例」を活用して、地方で起業を盛んに興こしたらどうか。集落単位で名産の〝そば屋〟を開設したり、名物〝漬物〟の加工販売を始める。あるいは集落協同で〝農家民泊〟を開設して集落のおもてなしを尽くす。こうしたことは、本来は行政が後押しするものですが、「ふるさと起業誘致条例」があれば、ジルバー人材センターが後押ししてあげることができます。

また、厚生労働省が推進している「健康増進・予防に向けたインセンティブ方策」にあるように、就労によって健康維持が図られる場合には健康保険料を減額するなどの措置を事前にとって就労を促す仕組みを用意することが必要だと思います。

その上で、考えられるアイデアを４つ紹介します。

２　４つの対応策

⑴　「援農」の体制づくり

第1は、60歳以上の方に農業支援に参加してもらうことです。筆者の研究所の調べによれば、農作物の収穫時などに援農者は毎年全国で２００万人入っていますが、まだ１００万人足りない現状があると推定しています[11]。現在、この足りない分が充足されないため、高齢農家は経営規模を縮小し結果として耕作放棄地の増加につながっています。

ハローワークなどでは期間限定の農作業の人を集めることが困難な場合があるので、求人と援農を結びつける仕組みを用意することが重要になります。これをシルバー人材センターがやる。山形県村山市のシルバー人材センターはこれを実践しています。

(2) 「ミニ農地中間管理機構」づくり

第2は、農業への参加を促す仕組みについてです。兵庫県養父市のシルバー人材センターは、かねてより10a未満の耕作放棄地を所有者から借り上げ、会員の力で米や野菜作りを行っています。その面積は合計2・6haにもなっています。この借り上げた耕作放棄地での農業を会員にとどまらず、市民を対象にすることが検討されています。

制度的にいえば、「特定農地貸付法」を利用して、農業委員会の承認を得たシルバー人材センターのような〝非〟農業者の組織が10a未満の耕作放棄地を多数借り上げ、これを利用者にサブリース（また貸し）するというものです。

政府は大規模な農家を増やすために「農地中間管理機構（農地集積バンク）」を都道府県ごとに設置しましたが、これはあくまで大規模農家のためのものです。しかし実際には耕作放棄地は大小さまざまなものが点在しているわけですから、特定農地貸付法を利用して10a未満の耕作放棄地を点在したまま中間管理する組織を育成し、それを市民や市外の人、移住者などにサブリースすることを考えるべきです。

国が主導する農地集積バンクでは拾いきれない散在する小規模耕作放棄地を対象として、このような「ミニ農地中間管理機構」を制度化しこれをシルバー人材センターに担わせることにしたら、全国の耕作放棄地の多くは蘇ることができます。

(3)「サムライ業」の振興

地方での巨大な老人人口を地方創生のためにどう活かせるかという問題に応えるアイデアの第3は、「資格」、「士（サムライ）業」の振興です。現役時代に培ったノウハウを60歳以降も地域のために役立てるものです。

国家資格はもちろんですが、民間の協会が認定する資格に加え、農業などの経験歴、民間企業などでの特殊ノウハウなどを「地域認定士（サムライ）業」として登録し、地域のニーズに臨機応変に応えるようにすることです。これは、地域住民に限らず移住者などにも適用すると、意外なノウハウが発掘できます。サムライ業に登録する人のなかから「ふるさと起業誘致条例」を使って自ら資格事業を興こすことも考えられます。

このアイデアは言うのは簡単ですが、実際に行おうとすると一筋縄ではいきません。60歳以上の人たちを地域や農業や企業で幅広く活躍してもらうためのものですが、まず、どのような「士（サムライ）業」を地域として認定するかに工夫が必要になります。加えて登録する人がいるのか、実際に仕事が生ずるのかなど、想定される課題を乗り越えていくことが期待されます。

(4)「マイクロ・シルバー・ベンチャー」づくり

第4は、高齢者に起業してもらう、「マイクロ・シルバー・ベンチャー」が地域で沸き起こるようにすることです。すでに述べましたが、地方では老若男女問わず起業精神が旺盛です。内閣府の「地域社会雇用創造事業」では、応募者の18%、合格者の22%が60歳以上で、高齢者の起業が旺盛でありました。このエネルギーを爆発させ、マイクロ事業を叢生させる。

そのために「ふるさと起業誘致条例」が欠かせないことはすでに述べました。ただ一言述べておけば、世界で競争力のもてる起業は重要なことですが、しかし、ローテクであろうがマイクロであろうが、「起業」が燎原の火のように生まれて初めてその中から競争力のある企業が育ってくる。戦後の闇市経済のなかから世界に冠たる企業が育ったように、いま、地方創生という機会を捉えてその環境を整えることが重要だと思います。

さらにもう一言付け加えておきますと、今から20年前、日本のベンチャー輩出率を高めるために通産省と一緒になって「シルバー・ベンチャー」の研究会を民間企業経営者の知恵を借りながら行ったことがあります。リタイアした人たちの起業をどう高めるかという問題意識で始めましたが、これが当時はなかなか難しかった記憶があります。やれ、ベンチャー・キャピタルをどう用意できるか、エンジェルが出るか、マイクロ・ビジネスで米国に勝てるのか、など議論が収れんしませんでした。

しかし、時代が変わりました。米国との競争に勝つためにベンチャーを必要とするのではなく、「人生二毛作」を実現するためにシルバー・ベンチャーを真剣に考えなくてはならない時代になりました。今般の地方創生でこの社会づくりに挑戦できたらいいなと思います。6次産業を現在の5倍に増やすためには、こうした取組みを盛んにすることが必要です。

「マイクロ・シルバー・ベンチャー」を多数輩出しようとするとき、幸いなことに、地域のシルバー人材センターや梁山泊がインキュベーター（孵化器）の役割を果たせそうだということです。起業しようとするとき、自分ひとりで考えを詰めるより多くの人たちの集合研修でお互い刺激し合うことが結構役に立つことがわかっていますが、そうした役割をシルバー人材センターや梁山泊が担えると思うからです。

注

1 「ふるさと回帰の変容〜全国10万人アンケート結果」㈱ふるさと総研　2009年9月）
http://www.furusatosouken.com/090909ju-man_anke-to.pdf

2 「農村の6次産業起業人材育成事業成果報告」（NPOふるさと回帰支援センター　2012年3月）
http://www.furusatosouken.com/120705noson6th.pdf

3 「貧困のない世界を創る」（ムハマド・ユヌス　早川書房　2008年）

4 「ユビキタス・サービス産業化の構想　第3章『花びら型産業と統知企業』」（玉田樹　野村総合研究所　2005年3月）

5 巨額の助成をして大企業の誘致をしたと、ブログで胸をはっている。

6 「東北地域における電気機械産業の縮小と今後の展開」（日本政策投資銀行東北支店　2002年3月）

7 「ベッカー教授、ポズナー判事のブログで学ぶ経済学」（ゲーリー・ベッカー、リチャード・ポズナー　東洋経済新報社　2006年）

8 「『ふるさと起業塾』の構想」（ふるさと起業塾全国ネット　2009年9月）
http://www.furusatosouken.com/090915kigyojuku_koso.pdf

9 「閉塞突破の経営戦略〜事業創造のニューパラダイム」（鈴木正慶、玉田樹編著　野村総合研究所　1987年）

10 「生涯現役社会の実現に向けた雇用・就業環境の整備に関する検討会」報告書（厚生労働省、平成27年6月5日）

11 「田舎で働き隊事業の成果報告書」（平成22年度農林水産省田舎で働き隊事業　NPOふるさと回帰支援センター　㈱ふるさと総研　2011年3月）

第3章

ライフスタイル改革

この章では、はじめに提言「地方再生『三本の矢』」の第3の矢、大都市のライフスタイル改革について述べます。その後、意見交換にもとづく追記を述べることにします。

1 提言：第3の矢「ライフスタイル改革」―「兼業」と「二地域居住」

地方創生の第3の矢は、地方での多くの起業家、働き手の誘致を増やすため、その予備軍となる地方への移住の新しい仕組みを具体化することを提案する。

[1] 提案の背景：起業の準備期間を埋める方策としての「二地域居住」

地方での起業、とくに地元の人による起業があればそれによって人口の流出が防げる。加えて、地域外からの移住によって起業する人を増やしたい。しかし、筆者が行った2009年8月の10万人アンケートによれば、すでに移住しているのは3・7％、二地域居住しているのは1・1％、合計4・8％であり、決して多いとはいえない。地方の再生産人口を増やすために、この数を増やしたい。

これまで多くの田舎での起業家をみてきた経験によれば、落下傘のようにいきなり地域に移住し、すぐに起業することは至難の業のようである。起業するには地元の協力を必要とするからで、すでに述べたように起業したほとんどの女性は、多くの場合は応援隊がついている。起業家を中心に相互に支え合う構図がある。

このような地元の支援を得るためには、移住して数年はかかるとみられる。この起業の〝発起〟と実際の〝起業〟との間のアイドルタイムを埋めるものとして、「二地域居住」というライフスタイルを推進してみたらどうだろう。

「二地域居住」とは、大都市に住みながら、時間がある時に田舎住まいをするやり方である。この考え方は、筆者も国土審議会専門委員として参加し2008年に閣議決定された国土形成計画においてすでに示されているが、国は本腰でこれを実施してこなかった。

この二地域居住に、いまこそ本腰を入れて取り組むべきであるというのが提案の主旨である。いきなりの移住では、起業まで数年間食うのに困る空白の時間が生ずる。これを、当面の生活の糧は大都市で得て、起業したい地域に二地域居住をすることによって地元との協力関係を作る。そのようにして、いずれ軸足を移すのである。

2 「兼業」と「二地域居住・移住促進」の総合政策の展開

(1) 兼業と二地域居住ライフスタイルへの改革

現在、経済産業省は、会社員が職に就いたまま起業を準備できるよう「兼業・副業」の推進を図っている。「兼業」とは、会社への貢献を例えば7割にしてその分給料を下げる。残りの3割は副業で別の収入を得たり、起業の準備、子育て・介護などに使う仕組みである。これを3割兼業という。兼業の3割に重心が移るのなら独立してもいいし、あるいは元の会社に籍を残しそのまま〝2足のわらじ〟を履いていてもいいのである。

この兼業の仕組みと連動して二地域居住を推進し、田舎での起業の準備を後押しするのである。兼業では、曜日単位や週単位、月単位の休日が取れる仕組みの導入がありうるので、この時間を利用して将来起業したい地域での二地域居住を開始する。

これを後押しするため、二地域居住・移住促進の総合政策を立案し実行すべきである。場合によっては、二地域居住促進法の制定も視野に入れる。すでに述べたように10万人アンケートでは、現在、移住・二地域居住を実践しているのは4・8％であるが、加えて今後、移住したい人が6％、二地域居住したい人が13％存在することがわかっている。ライフスタイル改革によってこうした人々の潜在意欲に火をつけ、兼業という機会を捉えて二地域居住によって田舎での起業家を陸続と生むことを通して、地方が失い続けてきた再生力を復活させるのである。

(2) 社会的風土づくりと「第2住民票」の導入

政府は是非、「兼業」の社会づくりに、まず邁進して欲しい。この「兼業」は地方再生にとって、重要な鍵を握る戦略である。企業の兼業禁止規定を含む就業規則変更、経済団体への働きかけなどを行い、「兼業」のライフスタイルが定着することを期待する。先行して兼業を実施した企業の例では、1社だけでやるとうまくいかない。だから、みんなが渡れば怖くない戦略的補完性をいち早く作ることが求められる。

兼業と一対となって動くのが、二地域居住である[1]。

移住・二地域居住促進の総合政策で政府がやるべきことは、まず風土づくりを是非行ってほしい。これまでの田舎暮らしでは、中高年を中心とした〝悠々自適生活〟がフィーチャーされていたが、リーマン・ショック以降、若者が〝田舎で働く〟ことが中心となった。移住・二地域居住を取り巻く〝悠々自適生活〟の古いパラダイムを払拭し、〝田舎で働く〟風景が当たり前のこととなるようなライフスタイルの風土づくりが、まず欠かせない。これに関連して総務省の「地域おこし協力隊」、農水省の「田舎で働き隊」などの立派な事業が行われているが、こうした事業が二地域居住・移住促進の総合政策のなかで大規模に展開されることが必要と思われる。

また、企業などへの働きかけは不可欠である。兼業を採用する民間企業に二地域居住のアピールを行うとともに、企業自らが人事制度や新規事業の一環として農業回帰[2]をすることを促す。また、大学への働きかけ、シルバー人材センターへの働きかけ[3]などを行って、個人ではなく組織が〝援農〟など地方回帰ができる社会的仕組みを用意することも視野に入れるべきだろう。

実際に二地域居住を行う人々のインセンティブを高めるため、交通費の割引、住まう場所の家賃補助、加えて起業研修のための求職者支援制度の適用などが検討されてよい。その際、「第2住民票」の導入を検討したらどうか。上記のような割引や補助を行う場合に、二地域居住を行っている証明となるものであり、ひいては、これによって大都市と二地域居住先との間で住民税を配分するのである。「第2住民票」にもとづいて交通費の介護割引にも似た仕組みを導入し、さらに住宅補助も行う。さらにバーチャルな住民税の移転の仕組みであるふるさと納税を一歩進めて、二地域居住地間でリアルな住民税の移転を行うのである。

(3) 空き家の市場化と担当部署の設置

一方、地方は、二地域居住の受け皿の整備を急ぐ必要がある。これまで多くの自治体が、移住者や二地域居住者を受け入れてきたので、ある程度その環境は整っているが、2つの点を急ぐ必要がある。

ひとつは、住む場の確保である。地方への移住や二地域居住を希望する人が田舎に行っても住む場が見つからないため、断念するケースが増えている。2013年に全国の空き家は820万戸に達した。そのうち、地方には健全な一戸建て空き家は140万戸ある。しかし問題は、売買や賃貸の対象になって市場にでてくるのが数%に過ぎないことだ。これでは、政府がいくら二地域居住を推進しても住む場の受け皿がない。

したがって、地方は、とくに賃貸用の空き家の確保を急ぐ必要がある。地元不動産業界の協力を得ながら、まず、空き家が朽ちることがないよう、ふるさと納税を使った空き家管理の仕組みを作る。加えて、空き家の所有者が賃貸に出しやすいように空き家中間管理機構を作り、借り手にサブリースする体制を整える[4]。第1の矢で示した「逸失した子育て数の評価」による地方交付税を財源として、空き家の市場化を早急に検討すべきである。

いまひとつは、こうした問題を取り扱う自治体の部署の格上げを行うべきであろう。これまで、多くの自治体では移住や交流を行う部署は、あまり重要視されてこなかった印象がある。単純にいえば、企業誘致のように羽振りがよくないのである。しかし、これからは、〝人の誘致〟の時代である。人口減少という自治体にとっての生命線を担う部署になるのである。今後、減少した子ども数を奪還するために、再生産人口をあらゆる手だてで増やしていく役割を担う予算と人員が配置されるよう希望するものである。

3 ようやく二地域居住社会が始まる

いまから50年前の1967年、日本経済研究センター主催で「21世紀の世界について」と題する国際会議が東京で行われた。錚々たるメンバーが各国から出席し、日本は「21世紀の日本〜1万日間の選択」を発表した。この中の「都市の未来像」について言及している部分で、〝機能住宅と1世帯2住宅〟が次のように述べられている。

「高層ビル上層部の住宅と住宅団地の住宅がこの時代の主要な住宅となろう。(中略) こうした機能住宅に住む人は、地方の自然の中にもう一軒の住宅を持って1世帯2住宅方式をとるようになり……」

そうして、その20年後の1987年に成立した第四次全国総合開発計画では、「都市居住者の農山漁村における新たな住まい方や広域的交流を前提とした退転職者、創作活動家等の農山漁村での居住─マルチハビテーション─に対応する住宅の整備を促進する」として、ようやく二地域居住が具体化しかけた。だが、その後成立したリゾート法に象徴されるように、マルチハビテーションは妙に歪められた形になって沙汰やみになった。

それからおよそ20年後の2008年に策定された国土形成計画で「二地域居住」が示されているものの、本腰でこれを実施した形跡がみられないことはすでに述べたとおりである。

しかし、いま、二地域居住についての先人の知恵や見通しは、ここにきて実現しようとしている。ただし、〝悠々自適〟や〝リゾート〟ではなく、〝3割兼業〟を具体化する場としてである。

都市住民の10％が移住や二地域居住を行うようになれば、住まう場、移動、生活などで、8兆円におよぶ「ふるさと回帰市場」[5]が生まれることになる。

2 地方へ人を動かすことについて

地方へ人を動かすことについて、どのようなことが行われているのかという質問があったので、ここで、少し広い観点で〝地方へ人を動かす〟ことについて、その動向や考え方を述べたいと思います。

① NPOふるさと回帰支援センターへの個別相談による移動

都会の人を地方に動かすために、これまでいくつかの方法がとられてきました。そのひとつが、都会の人の相談を直接受けて地方を紹介するやり方です。NPOふるさと回帰支援センターが代表例です。このセンターについては提言の中でも触れましたが、正式名称は「特定非営利活動法人100万人のふるさと回帰・循環運動推進・支援センター」といって認定NPOです。設立は2002年。筆者の会社より5年前から、「ふるさと回帰」の運動を開始しています。当初は小さなオフィスでしたが、現在ではJR有楽町駅前の東京交通会館8階の広大なフロアで、全国ほぼすべて44道府県が相談ブースを構えるに至っています（東京、愛知、大阪（大阪にはNPOの支部がある）除く）。また、ハローワークのブースが加わりました。

NPOふるさと回帰支援センターには、移住や二地域居住など「ふるさと回帰」をしたい人の県ごとの相談コーナーが常設されています。また、ほとんど毎日、どこかの市町村がセミナーを開催しています。その相談件数は、2008年は3000件、その後11年までは年間4000件止まりでしたが、以後急拡大し15年度は2万4000件にまでなっています。15年間にわたる途切れない立派な努力が実を結びつつあります。是非、一度訪ねてみることをお奨めします。

こうした民間の努力は、〝行動力のある〟ふるさと回帰希望者に対して、移住・二地域居住の適切な支援を行っています。筆者は、こうした拠点が大都市の県庁所在地などしかるべきところに複数個所あると、地方創生はもっと進むのではないかと思っています。

NPOふるさと回帰支援センターは、個人や家族を対象に地方への移動を支援しているという意味で、いわば個別相談の支援体制です。

[2]「地域おこし協力隊」で組織的な地方への人の移動

これに対して、〝組織的〟に人を動かす、という考え方があります。その代表例は、総務省が行っている「地域おこし協力隊」事業と農水省の「田舎で働き隊」事業です。

「地域おこし協力隊」は、市町村などが地域の活性化に興味のある都市部の住民を受け入れ、その費用手当は国が地方交付税で補塡し、最大3年間にわたって地域おこしに協力してもらうものです。2009年より行われており、現在では年間2625人を673市町村などに派遣しています。この事業では6割にものぼる人が、派遣期間終了後も地域に留まっています。その地域で起業している場面を多くみてきました。

「田舎で働き隊」は、2008年度より、将来、農林水産業などで働きたいと希望する人が、本当に自分でできるかを試したりすることを目的に行われました。この事業を4年間支援してわかったことは、やはり6割の人が地元に留まり地域の活性化に貢献していることです。

この2つの事業は、いってみれば「七人の侍」を都市から派遣し、地域の問題解決に貢献していることです。これらは、政府が〝事業〟というかたちで、組織的に人を地方に送り出す仕組みです。今般、この2つの事業は2015年より「地域おこし協力隊」に合体化され強化が図られています。

3 「シルバー人材センター」による組織的な地方への人の移動

人を〝組織的〟に地方へ動かすという点では、都会のシルバー人材センターが組織的に地方の援農に出向く、ということがあります。筆者がかねてよりいくつかの「銀の卵プロジェクト構想」[6]としてトライアルをしてきましたが、現在、兵庫県伊丹市のシルバー人材センターが養父市のシルバー人材センターを支援して養父市の特産である〝山椒〟の一次加工事業を行っています。

そもそも、シルバー人材センターは各市区町村にあるため、隣の市区町村の仕事は荒らさないという不文律があります。そのため、大都市の自分の地域内では仕事が十分に見つからないという現実につきあたっています。これを突破するため、離れた飛び地の市町村の仕事を開発することがひとつの方法になります。

田舎では、援農者が足りないと耕作放棄地が拡大する状態にあるので、都会のシルバー人材センターが田舎のシルバーと組んで援農を行う、こうした組織的な地方への人の移動がもっと増えていいと思います。かつての金の卵たちが、銀の卵となったいま地方への恩返しをするのです。

シルバー人材センター以外にも、都会の子ども会が定期的に地方に出向くことも行われています。都会の町内会や老人会、学校、企業など組織単位での地方との関係強化が図られれば、地方創生ももっと動くのではないかと思います。

4 都市と農村の交流

さらに「農業×観光」という方法があります。これは地方創生にとって重要なことです。移住や二地域居住が行われることは望ましい。だが、そこまでいかなくても、組織が一定期間あるいは定期的に地方に出向くことがあってもよい。さらに、不定期であっても、不特定多数の人々が「農業×観光」で田舎に行く機会が増えれば、地方創生は盛り上がってくると思います。

観光が「ニューツーリズム」と言われるようになってから久しい時間が経過しました。これまでは旅行といえば名所、温泉、旅館のいわゆる観光でした。いまや「旅先での農業」、いわゆる体験型のツーリズムが当たり前の時代となりました。

筆者の会社が55~69歳の大都市住民にアンケートをとったところ[7]、「旅先で農業」を〝是非やってみたい〟5%、〝場合によってはやってみたい〟16%と2割を超える状況になっています。これに〝やや興味がある〟を加えると6割近い人が関心を示していて、これは、かつて観光庁が行ったアンケートと同じ結果です。

これとは別の全国10万人アンケートで「農業への参加意向」の内容をみると[8]、その回答割合は次のようでした。

・2泊3日農業体験　20％　・農繁期の援農　9％
・果樹棚田オーナー　8％　・クラインガルテン　6％
・1週間以上の農業　5％　・農家の弟子　3％

これをもとに試算すると、いわゆる観光としての「2泊3日農業体験」は2000万人の需要があり、各地方はこのニーズに応えられているのか、すでに問われていることになります。各地域の観光協会は、〝農業体験〟にふさわしい体制を用意できているかが問われるゆえんです。このニーズを旅行会社が商品化する動きがでてきたようです。

また、「果樹棚田オーナー」は800万人、「クラインガルテン」は600万人ものニーズがあり、さらに「農繁期の援農」は900万人、「1週間以上の農業」は500万人、これらの農業参加意向は都市と農村の交流にとって重要な資源となるので、その体制づくりを急ぐ必要があると思います。

その体制づくりのひとつの例として、先にあげた都会のシルバー人材センターが田舎で行う援農があります。もし都会のシルバー人材センターが「援農」を組織的に行うのであれば、55～69歳の大都市住民の10％がシルバー人材センターに登録して一緒にやりたいと言っています9。これはシルバー人材センターが会員を獲得するチャンスでもあります。「農繁期の援農」や「1週間以上の農業」のニーズを都市農村交流の拡大のために、組織として実行する体制を是非つくりたいと考えます。

5 大学の〝秋入学〟への期待

都会から田舎に人を動かすということでは、かねてより「制度」ができないかという議論があります。半ば強制的に人を動かすというものです。

例えば、江戸時代の〝参勤交代〟にならい、ある年齢になったら田舎に数年間行くことを制度化する、というものです。10年前に「徴農」の制度化について国会で議論されたことがありますが、これが現実的な案なのかは議論を要します。しかし、地方創生を本気で考えるなら、このような制度も視野に検討されるべきと考えます。

また、後に述べる「兼業」の雇用制度の導入は、兼業者の一部が田舎に行くことの機会を増やすので、明らかに地方に人を動かす制度になります。

筆者は、大学の秋入学が行われることを期待しています。これが行われれば、高校卒業から大学入学までの間、半年のアイドルタイムが生じます。この間の数か月を地方に出向いて農作業や地域活性化のためのお手伝いをする。これに単位を与える。毎年、春から夏にかけて50万人もの若者が地方で活動する姿が目に浮かびます。

大学は、地方創生のために新しい学科を新設したり、さまざまな活動を開始しましたが、〝秋入学〟がどうしたらできるかを是非検討願いたい。

3 CCRC（持続的ケアつき退職者コミュニティ）について

ライフスタイル改革に関連して、政府が推進するCCRCについて、次のような意見をいただきました。

「2015年2月21日付日経（夕）が、『地方で第二の人生応援』と題する記事を掲載していました。要は退職後の『第二の人生』について、高齢者の都会から地方への移住を支援する、アイディアと言う由です。これが地方創生の目玉、云々という由です。そこで本アイディアについてのコメントは如何なものか、承知したく、厚かましく照会させていただく次第です。」

1 CCRCは可能なのか

これは、政府が地方創生総合戦略で言っているCCRC（Continuing Care Retirement Community）の推進のことです。米国では、高齢者が移り住み、健康時から介護・医療が必要となる時期まで継続的なケアや生活支援サービス等を受けながら生涯学習や社会活動等に参加するような共同体CCRCが約2000か所存在するといわれています。住宅＋日本の有料老人ホーム（支援・介護）＋一時金の返却が一体的に運営される共同体ということのようです。

政府の総合戦略では「健康時から〝地方に移住〟し安心して老後を過ごすためのもの」と書か

れています。だれの知恵か分かりませんが、こうしたことを推進したい人がいるようですね。日経の記事はこれを推進する有識者会議が始まったと報じています。

筆者は、この政策をほとんど評価していません。CCRCが設立される地域では、介護や各種サービスの雇用が生まれるでしょうが、第1にそもそもこうした地域社会からアイソレート（隔離）された共同体の空間をわざわざ作ることに意義を全く感じないからです。

もっとも、このCCRCは米国では広いキャンパスに住宅や各種施設が点在する郊外型と、市街地のビルを活用する都市型があるようです。こうした点からいえば、廃校の活用や空き家を活用するのであれば、日本型CCRCもありうるのかなと思います。地方では小中学校の廃校が多数存在してその活用に困っていますから、それを活用する。地方には空き家が多数存在してその活用がなかなかできない状況が続いているので、それを住宅として活用したネットワーク型CCRCを構築する。

間違ってはならないのは、CCRCのために新たな共同体団地をわざわざ作ってはならないということです。米国では富裕層が守られた空間でケア付きの豊かな悠々自適生活を送れるものとして評価する向きがあるようですが、日本の田舎にこうしたものが出現するとは思えないし、田舎のコミュニティを乱してしまうこと請け合いです。

さらに、こうした隔離空間の住人が将来にわたって永続的に補充されるように現れる保証がどこにもありません。一度、住人が少なくなった共同体空間は見るも無残な姿を地域にさらけ出し、地域のお荷物になるのです。こんなことは、随分見てきました。都会でも計画的な住宅団地が限界集落になっていますね。これがコンパクト・シティの議論に拍車をかけています。

そもそも地域をつくるとは、人々の自然な活動の産物として形成されます。日々活動するための一定のルールさえあれば、地域はまともな形で永続的なものとして人々が作り上げていくものです。人為的な〝計画〟が世代を越えて永続的な街になるのはまれで、一時的には華やかなにぎわいがありますが、いずれ無残なかたちになってしまいます。CCRCがそうならない保証はどこにもありません。

また、第2にCCRCに誰が行くのかということが見えているとはとても思えません。〝健康な〟リタイア組が想定されるのでしょうが、そもそも彼らが動くのかどうか。筆者が㈱ふるさと総研を立上げたのは2007年、ちょうど団塊の世代が定年を迎える年でした。彼らを田舎に引っ張り出そうとして会社を立ち上げましたが、しかし3年経っても成果が出ませんでした。定年延長があったにせよ、それでも田舎に行きたいとする団塊の世代は多かったのですが、一向に動かない。

2009年の秋にNPOふるさと回帰支援センターが主宰したシンポジウムが昔の経団連会館大ホールで2000人の聴衆を集めて行われました。壇上、福島県知事、山形県知事がともに「おらが県は食い物も美味いし、人情あり生活環境も整っているので、是非おいでください」と熱弁をふるった会の終わりに、岐阜県の田舎に住んでいた今や亡き俳優の菅原文太さんが「私にも一言しゃべらせてくれ。知事のみなさんはああおっしゃっていますが」と述べたうえで、いきなり会場に向き直って役者声に変わり「この会場にいる団塊世代のみなさん、あなたたちは上げ膳据え膳でも食わないのですか！」と一喝しました。そう、菅原文太さんは、見抜いていたのですね。団塊世代は口先だけで動かない。「冷やかし千人、客百人」とはよく言ったもので、ことに団塊の世代は「冷やかし千人、間夫十人」かもしれません。

そんな状況の中、CCRCが誰をターゲットに検討されるか分かりませんが、定年延長を終えたまだ元気な団塊世代がひとつの候補になったとしても、それは徒労を繰り返すようなものです。団塊世代を地方創生のプレーヤーにすることは経験からいえば無駄なことです。

もっとも、今般のCCRCでは、政府は高齢者住宅の建設費や運営費を補助するほか、移住者の助成金を拡充すると言っているので、団塊の世代がつられて出てくるかもしれません。国がやる事業で、しかも補助金が出る、これで団塊世代がノコノコ出てくるようだったら、後世の語り草になるでしょうね。

2　永続性と社会保障負担をどう担保するか

第3はここから出てくる問題ですが、こうした補助や助成はいつまで続くのかということです。これは何もCCRCに限らず、地方移住一般の問題でもあります。この支援策について、政府はどこまでやるのかを明示していません。団塊世代の1代かぎりで終われば、将来のCCRC

は閑古鳥が鳴くかもしれない。2代目までやるのか。

ご存じのように、スタンフォード大学ロジャースがつくった「イノベーション理論」がありま
す。これはこれまでの世の中にない全く新しい製品やサービスの普及率を理論化したものです。2・5%普及のときのイノベーター（革新者）、16%普及までのアーリー・アダプター（早期行動者）の存在が鍵を握ることを示しました。ここまで普及するのに時間はかかりますが、16%まで普及すればあとは自律的に急速に普及するというものです。筆者はこの理論は結構優れていると思っていますが、この理論に当てはめた時、２００９年の移住・二地域居住の普及率は４・８%でしたので、これを16%まで持っていくのは結構大変なことだと思います。

しかし、この理論の示すところによれば、16%普及までは政府の何らかの支援が必要だということです。そこまで至れば支援は打ち切ってもよい。こうした政府の支援の目安を示すべきだと思っています。もとより、政府がこれまで普及率の定点観測を怠ってきたことを改めることが前提となります。

さらに、第4は地方はCCRCのようなものが来ることを喜ばないでしょうということです。いくら元気なうちから来てもらうとしても、いずれ医療費がかかり介護費用は増加する。

この点に関し、アジア成長研究所の八田達夫所長は国民健康保険を例に次のように述べています。その要旨は次のようです。「自治体運営は変えず、国保財源は〝年齢ごとの1人当たり全国平均給付額×年齢ごとの地元加入者数〟を国費負担として国税でまかない、実際の給付額との差

額を地元自治体の負担とする。この仕組みでは自治体負担は平均的にゼロとなる。この改革が行われると、国庫負担金を持参して高齢者の移住が行われるので自治体にとって歓迎すべき住民となる。」[10]

これはCCRCを推進するテクニックですね。しかし、この枠組みは国民健康保険を国営にすることと同じことなので、「社会保障は国の直轄にする」改革がまずあって、そのうえで地方の医療介護の予防行政を活発化する方策を具体化するという順序だてが必要です。

一橋大学経済学研究科の山重慎二教授は次のような要旨を言っています。「福祉の役割が基礎自治体に求められたため、過疎地では財源不足が深刻化しそれを救ったのが地方交付税であった。そのような救済制度があるなら、自治体としても若者を食い止める努力をする必要がない。過疎化もまた、政府の救済的政策の結果、深刻化したと考えられる。この問題解決に有効なのは、交付金が最低限で済むように自治体には税収に応じた役割を担ってもらい、社会保障の役割を国が担うことだ。これによって、高齢者の存在が地域の所得や雇用を生む宝となり、都市の高齢者が移住できる環境が整う。それが地方の持続的な再生のきっかけとなる。」[11]

今般、厚労省は市町村が管理している国民健康保険を、2018年度に県に移管することを決めました。かつて介護保険が市町村の過度な負担になったとき、市町村合併を進めました。今後10年、20年先を見通すと、市町村はおろか県の存立も問題になってくる可能性が十分にあると見ておかなくてはなりません。だから、国民健康保険や介護保険など地方が特別会計として管理している社会保障について、国の直轄管理にする、という方向を明確に示す必要があると思います。その上で、そこに至るまでの段階的な措置を示すべきだと考えます。

「社会保障の国営化」これが国がやるべき「公助」です。こうすれば、CCRCや高齢者の地方移住一般に関して地方の負担はなくなるので、誘致に関して地方はニュートラルに検討できます。これをやらなくて地方にCCRCをつくると言っても、手を挙げるまともな市町村は出てこないのではないかと思うのです。

4 地方創生にかかわる大都市と地方の関係

1 CCRCは大都市のわがまま

政府が地方創生の目玉として進めているCCRCという政策は、大都市と地方の関係を考えるのにひとつの機会を与えてくれています。先ほどまではCCRCについて、CCRCそのものの可能性についてコメントしました。しかし、CCRCは高齢者の扱いという課題をめぐって大都市と地方の間の関係をいま一度考えさせてくれます。

そもそも、このCCRCは大都市のワガママなのではないかと思うところが大です。大都市はこれまで地方から若い人を引き付け「一人勝ち」を享受してきましたが、今般の地方創生本部の総合戦略では、大都市は２０４０年にかけて若年層が少なくなり、一方75歳以上人口が現在の2倍という〝超高齢化〟を迎えることを指摘しています。つまり大都市の経済的な推力が著しく毀損されることになり、その対策が求められるということです。介護の課題がより一層大きくなりますが、その対策の一環としてのＣＣＲＣが考えられているふしがある。大都市が抱えることになる問題を地方に押し付けるのはいかがなものか、ということです。

2 大都市は〝一人勝ち〟ではなくなる

このことに関連して、次頁のような図をつくってみました。

かつては東京と地方はＷｉｎ―Ｗｉｎの関係にありました（図のＡ）。江戸時代以来、江戸一極集中は江戸がサービス業の担い手を確保し、一方、地方は口減らしができたので江戸と地方はＷｉｎ―Ｗｉｎの関係にあり、これが戦後の高度経済成長期まで続きました。しかし現在では大都市の「一人勝ち」の状態にあります（図のＢ）。これが２０４０年に向けて東京は〝超高齢化〟によってさまざまな問題をかかえることになり凋落の一途をたどります。したがって、もし、地方の疲弊に手がつけられなければ、日本は総潰れの状態に陥ります（図のＣ）。だから、地方創生に全力をあげて少なくも地方が再生している状態をつくらなければなりません（図のＢないしＣ→Ｄ）。そして、大都市が〝超高齢化〟という負の状態を脱するためには再生した地方の力を借りることがあるかもしれませんが、むしろ〝自力〟で這いのぼることが必要です（図の

D→A）。

こう考えると、まず必要なことは〝地方を再生〟することで、この優先順位が高いということになります。大都市はいずれ問題が顕在化してくるわけですが、だからといってその問題そのものを地方が喜ばない環境の中で押し付けていては、地方は再生することができません。CCRCはそのようなものになっていやしないか、ということです。

だから、今は、むしろ、大都市は地方の再生に大いに協力すべきである、というのが筆者の意見です。地方創生といっても、大都市の力強い協力がなければ先に進みません。大都市はこのことをしっかりと受け止めて事にあたるべきです。こうした協力が図Cのポジションから図Dのポジションへの移行を可能とします。

大都市は、CCRCではなく、自助努力で自

大都市は「一人勝ち」でなくなる

地方創生と大都市持続の道すじ

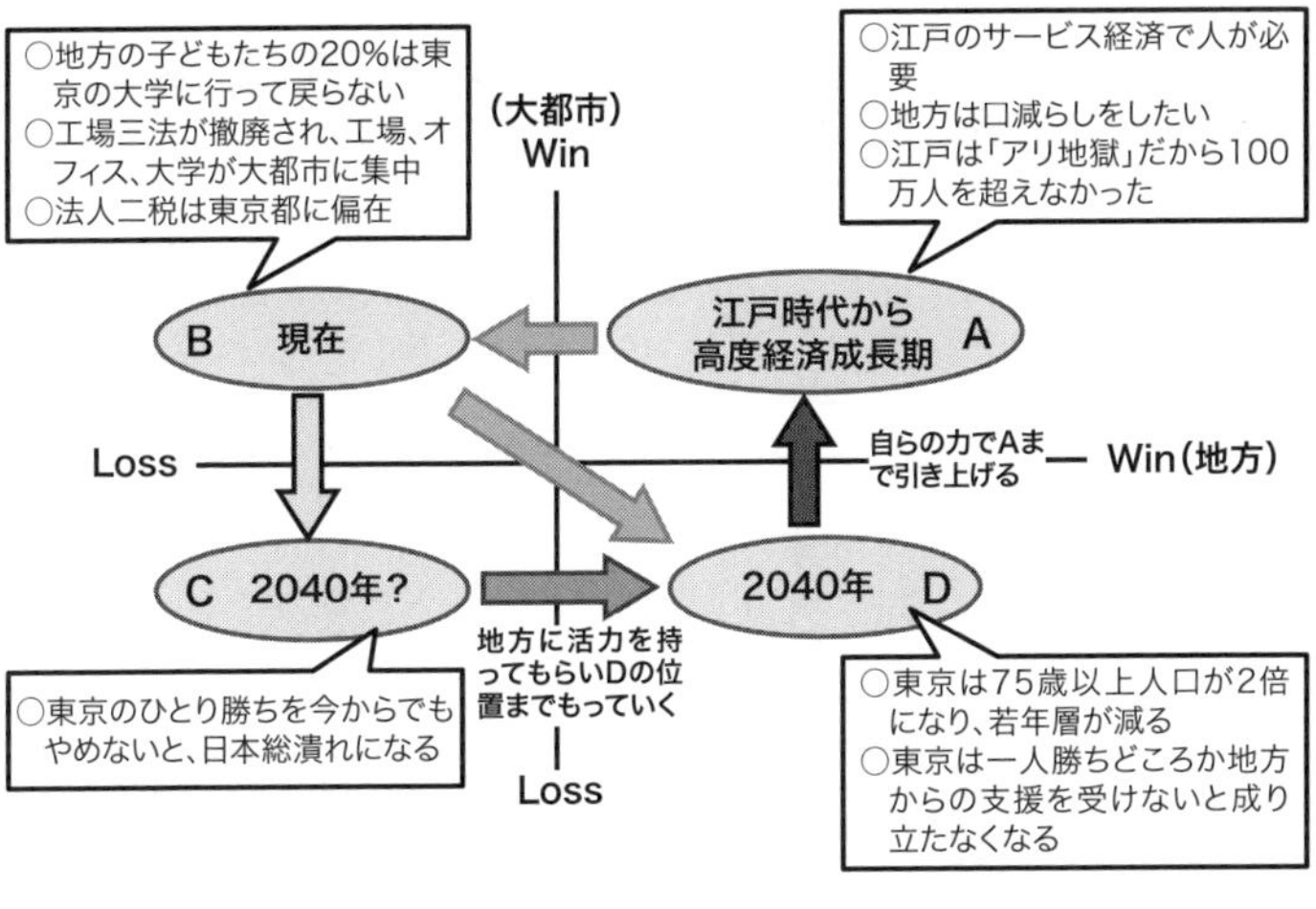

ら超高齢化に対応する手立てを考えるべきです。それが図Dのポジションから図Aのポジションに移行できる唯一の方法です。

それは何なのか。今般の地方創生総合戦略では、大都市の超高齢化の対策として、介護や福祉の拠点を都市内の住宅団地などにきめ細かく配置するとしています。

しかし、高齢者を負の資産としてとらえているかぎり、図D→図Aへの移行は難しい。地方が立ち直っても若者の大都市移住は先細りになり、75歳以上の高齢者がまちに溢れている。つまり経済の成長を支えるべき労働力の圧倒的減少が大都市を見舞います。

3 大都市の雇用改革が自らを助け地方創生を後押しする

高齢者を〝正〟の資産として生かす道しかないように思います。労働力の加速度的な減少のもとでは、資本や生産性の漸進的な増加ではとても経済成長を維持することはできません。サービス業がロボットの導入などを通して轟々たる圧倒的な資本の増強や生産性の向上を行うことができれば、少しは経済を維持できるかもしれません。その可能性を追求すべきですが、同時に高齢者に労働力として登場してもらうことを考えなければなりません。

こう考えると、超高齢化の社会に対応するためには大都市、大都市住民の「〝働き方〟のライフスタイル改革」を行うしかないのではないかと思います。そのためには、雇用制度の改革は不可避になります。

雇用制度の改革、これについては次章で詳しく述べますが、これが行われれば、高齢者の自己雇用（起業）が増え、企業をリタイアした後も社会にかかわる仕事が続けられることになります。人生二毛作社会ができあがります。これが、大都市が生き延びられる基盤となるように思います。

そしてなによりも、田舎で起業を始める人が増えることを期待するものです。これが「二地域居住」につながります。

5 三世代同居～大都市の〝住まい方〟のライフスタイル改革

また、子育てや介護の必要性を考えると核家族ではなりたたないので、子育てがしっかりできるようにするためにも三世代同居・二世帯同居策を推進すべきではないかという意見をいただきました。

① 終焉が宣言されていないマイホーム政策

大都市が超高齢社会を乗り切り活力を維持するために、働き方のライフスタイル改革に合わせ〝住まい方〟のライフスタイル改革を行う必要があります。

ちょっと古い資料ですが、２０００年の横浜市の調査によれば、市内の駅前周辺市街地では20歳～50歳の人口が多くここに大きな山があるのに対し、計画的住宅団地では50歳代と20歳前後が多い2こぶラクダの年齢構成になっています。

これは15年前の資料ですので、計画的住宅団地では、現在では主（あるじ）は65歳の定年延長を終えた頃で、子どもは30歳代で独立して〝どこか〟に住まいをもっていると思われます。大都市内での限界集落が陸続と生まれ、空き家が増加し続けているのはこのためです。コンパクト・シティの議論が起こっていますが、何かおかしいとは思いませんか。

一言でいえば、「マイホーム政策」に終息宣言がなされていないためです。ご存じのように、戦後一世帯一住宅を目標に住宅が建設され、核家族化とあいまって住宅の供給は大変なものがありました。しかし、ちょうど35年前の1980年を境に世帯数よりも住宅数が上回るようになり、その後止まることを知らず住宅が増え続けてきました。だから、空き家が大都市、地方に限らず14％も出る状態になっています。

2 三世代同居政策への変更

「三世代同居・二世帯同居」を提言します。マイホーム政策に明確に終止符を打って、住宅政策は大きく舵を切ることが必要です。〝独立したら新しい家を持つ〟という通念を捨てて、〝独立したらいずれ親と住む〟環境整備が必要です。

もちろん親と一緒に住める家の大きさがない、田舎に親を残してきているなど多くのケースがあるので、より詳細な設計を要します。だから「近居」でもいい。さまざまな工夫が必要だと思いますが、このような政策転換をしないと超高齢社会はもたないということです。

同じ家で、オヤジはなにがしかの起業をしている。息子は働きに出ている。息子は40歳になったら「兼業」を開始する。場合によっては、息子が親の起業を引き継ぐことが起こるかもしれません。このような社会が到来してもよいと思います。

子育て環境が抜群に改善し出生率が高まり、さらに介護も行われます。「三世代同居・二世帯同居」は、子育て、親の面倒見など〝外部機能〟に頼ることが当たり前と思っていた家庭内機能を奪還することでもあります。

「三世代同居・二世帯同居」がはじまれば、同じ家にいて息が詰まることもある。だから、田舎にもう一軒の家を持って（借りて）二地域居住が開始されることになることが期待されます。

3 大都市の都市計画の変更

大都市での「三世代同居・二世帯同居」を可能にするために、これまでの都市計画を大幅に見直すことが必要です。2つあげます。

ひとつは、用途地域の見直しです。わが国のまちづくりは、住居専用地区や商業地区などきめのこまかい用途地域の指定によって、しっかりした街ができあがってきました。しかし、住宅政策の変更がなされなかったため、老人ばかりが住む限界団地があちこちに数多くみられるようになってしまいました。買物ができない、サービスが受けられない、など生活を圧迫しはじめています。

用途地域を見直して、第1種低層住居専用地域であっても他の用途地域などに認められている独立した一定規模以下の商業施設やサービス施設ができるようにすべきです。あまりに整然としたまちを追求したがために、老人のエゴが保育所の建設を許さないというのは、何かが間違っている。これを変える第一歩として、都市計画の面から、小さな商業施設やサービス施設が第1種低層住専にも〝積極的〟に立地できることにすべきです。

いまひとつは、容積率と建蔽率の緩和です。容積率の緩和と言えば都市中心部のビルが対象でしたが、これを住宅地に適用する。親子二世帯が住むには今の家は小さすぎるということに対応して、同居するに際しての建て替えや増築について、容積率と建蔽率を緩和する必要があります。そして、この建替えや増築を減税の対象にする。

同じ敷地内で容積率を緩和したところで親子二世帯が住むには窮屈な場合は、飛び地にあるもう1軒も同一住宅として認める。地方に空き家を所有したり借りたりすることを奨励するのです。二世帯家族にとって都会の家と田舎の家が一体となってわが家になる。家族は、都会と田舎の二地域居住を行って〝楽しいわが家〟を実現する。そして、この田舎に家を持つことを減税の対象にする。

わが国のこれまでの住宅政策や都市計画は戦後一貫してまちづくりに大きな貢献をしてきました。それは高く評価されていいと思います。しかし時代がこれまで変化したにもかかわらず、そのままでいいというわけにはいきません。超高齢化、限界団地、買物難民、保育所建設反対などを見て見ぬふりをしてはいけません。また、地方創生が国家的課題になっていることに頬かむりを決め込んではいけません。住宅政策や都市計画ができることはたくさんあるはずなので、時代にあったものに変更していくことに勇気を持って挑戦していくべきです。

6　コンパクト・シティをどう考えるか

1　大都市でも起こる過疎化

東京はこれまで集積のメリットを享受しバブル崩壊以降のわが国を牽引してきましたが、2040年頃には、地方ではすでに高齢化が止まり、一方逆に、東京の郊外部ではとてつもない高齢化に見舞われて、大変なことが起きそうです。都市計画の変更などを行わないと、地方で起こっている過疎化が東京でも起こるということです。

東京はこれまでの一人勝ちを享受できなくなり、奈落の底に落ちることがはっきりしました。NPO横浜創造まちづくり学会は、このことにいち早く気付き「横浜の持続性ある地域社会の構築」[12]について研究を開始しています。

つまり、地方に限らず大都市でも過疎が進行するということです。コンパクト・シティの試みは、インフラ維持の観点を含めこうした背景から進められているわけですが、そう事がうまくいくとは思えません。これまでのような「市街化調整区域」に倣って「居住禁止区域」を線引き指定すれば事足りることですが、その指定を行うまでに過疎地の多くの住民を中心部に移し人口を一定程度まで少なくしておかなければなりません。一体、それが可能なのか。

2 問題設定の切り替え

最近、コンパクト・シティの先駆的取組みをしていた青森市の商業センター施設が経営難に陥ったというニュースを耳にしました。青森市では、郊外部での住宅開発が盛んに行われたため膨大な公共投資を余儀なくされ雪国のため維持管理が難しいことから、2000年頃より中心部に人を集めるコンパクト・シティを目指してきました。歩いて暮らせるまちづくりとして、中心市街地の活性化、まちなか居住推進のための郊外部からの住み替えシステムの構築、郊外の保全などに取り組んできました。しかし、中心部の目玉であった商業センター施設の経営がどうもうまくいかなくなったようです。中心市街地ににぎわいが戻り始めたといわれていただけに、コンパクト・シティの難しさを感じざるをえません。

問題は、人為的まちづくりは難しいということです。1983年に行われた群馬県渋川市の駅前商店街再開発があります。この再開発は建築家の原広司さんが設計を行い、商店を取り壊さずそのままにして商店街前面道路を荷物の運搬用にし、商店の裏通りを買物客のために整備した画期的で素晴らしいものでした。しかし、10年後に訪れてみると、裏通りは無残にも物置に変わってしまっていました。立派な計画でも、人の行動や生活の営みを変えることは至難の業です。人為的にまちをつくることには所詮無理があるように思われます。

とはいえ、〝川向う〟を守りきれるのか。黒沢明監督の「七人の侍」で〝川向う〟は野盗から守りきれないので撤退を指示するものの、「ウニャ、わしは行かん」と言う老人を守りきれるのか。最近、「農村文明創生日本塾」というものが創設されました。これまでの都市文明のさまざまな矛盾に対し、日本の農村の古くからの暮らしぶり、伝統、文化に改めて光を当て、持続可能な社会を模索しようというものです。〝川向う〟の価値を再認識する動きが始まりました。

コンパクト・シティという間違った問題設定をするのでなく、むしろ、地方でも都会でも過疎地や限界団地に人が多く住む環境を整える政策が必要だと思います。これは、経済成長のための都市集積とは違うことだと思います。

地方創生本部は総合戦略で、中山間地域での多世代交流・多機能型の「小さな拠点」を形成し5年後までに本格稼働させるとしています。これは、過疎地の集落で買物や医者通いの不便さなどを解消するため、この拠点を中心にサービス代行ができるようにしようとするものです。また経済産業省は、地方でコミュニティ・サービスを実施するに際して、NPOと株式会社のそれぞれの利点が活用できる形態で運営できるローカルマネジメント法人の設立の準備に入りました。

こうした地方の過疎地に対する政策をしっかり充実させるとともに、大都市郊外部に広がり始めた限界住宅団地にも適用する必要があると思います。

注

1　「兼業・兼居のすすめ」（玉田樹　東洋経済新報社　２００６年）

2　「企業の農業回帰～雇用の安定をめざして」（ふるさと総研、ＪＴＢ総研、日本総研　２０１４年８月）
http://www.furusatosouken.com/140820nogyo_kaiki.pdf

3　「シルバー人材センターの『銀の卵プロジェクト』構想」（ＮＲＩ社会情報システム㈱　㈱ふるさと総研　２００９年１月）
http://www.furusatosouken.com/090121silveregg.pdf

4　「提言　地方の空き家の活用に向けて」㈱ふるさと総研　２０１４年９月）
http://www.furusatosouken.com/140902akiya_activate.pdf

5　「ふるさと回帰花びら型産業（二地域居住の普及率と市場規模）」（平成19年度国土交通省委託調査「地域への人の誘致・移動による市場創出の可能性及び方策に関する調査」㈱ふるさと総研　２００８年３月）

6　注３に同じ

7　注３に同じ

8　「ふるさと回帰の変容～全国10万人アンケート結果」㈱ふるさと総研　２００９年９月）

9　注３に同じ

10　「地方創生策を問う—移住の障壁撤廃こそ先決」（八田達夫　日経新聞２０１５年２月６日）

11　「日本社会の消滅とどう向き合うか」（山重慎二　「一橋クォータリー」ｖｏｌ．44　２０１４年10月）

12　「持続性のある地域社会の構築」（ＮＰＯ横浜創造まちづくり学会「横浜創造まちづくり研究」第８号　２０１５年８月）

第4章

兼業・兼居社会がはじまる

1 追加提言：「兼業」・「兼居」社会をつくる

「三本の矢」提言の後、2016年に入って「兼業」社会が始まる大きな可能性をもつ動きがみられました。以下は、そのことに関して追加的に提言をしたものです。

1 「同一労働同一賃金」を奇貨として人口移動の大逆流社会が始まる

(1) 人口移動の大逆流の始まり

いま、大都市から地方への人口移動の大逆流が始まる千載一遇のチャンスを迎えた。かつて地方から大都市への大量の人口流入があったが、それにも匹敵する大逆流が起ころうとしている。

思えば、わが国の一極集中というといびつな構造は、戦後に地方の農業生産性が飛躍的に高まったために農家の二男、三男が余剰になるという人口移動の〝必要条件〟が生まれ、一方、1951年の産業合理化法で特定産業の育成を開始し4大工業地帯の工業化の促進によってここに人口が集中するという〝十分条件〟が整うことによって成立した。

人口移動は、人口を送りだす側の〝必要条件〟と、それを受け入れる側の〝十分条件〟が同時に成立することによって初めて起こる。受け入れる側の〝十分条件〟だけをいくら整えても人は移動しない。人が移動できるあるいは移動しなければならない環境としての〝必要条件〟があって初めて人の移動が起こるものと考えられる。

この必要条件と十分条件があいまって、周知のように、１９５５年から毎年40万人、20年間で合計８５０万人が地方から大都市に移動し、１９７５年に移動の終焉を迎えた。１９５５年当時の地方の人口は６千万人であったので、毎年０・７％、20年間で地方人口の14％が大都市に移動した。

しかし地方人口の大都市への流出は、１９７５年で完全に終焉したわけではない。残念ながらそれ以後今日に至るまで、滲み出すがごとく地方から大都市への人口の漏洩が続いている。現在でも年間に地方人口のおよそ０・２％〜０・３％、数にして12〜18万人に及ぶ人口が、大都市とりわけ東京圏に転出超過を続けているのである。この多くは、地方の子どもたちが大学進学で20％は戻ってこないことによるものである。

あれから40年。人口の移動について、地方が人を送りだす〝必要条件〟を持ち、大都市が人を引き付ける〝十分条件〟を持つという構造は一向に変化する兆しがみられなかった。

しかし、ここにきて人口の移動について、これまでとは逆に大都市が人を送りだす〝必要条件〟を持ち、一方、地方が人を引き付ける〝十分条件〟を持つ構造に逆転変化する可能性が芽生えてきた。

本提言は、これまでの地方⇓大都市という人口移動の構図から、大都市⇓地方という構図に逆転する可能性を検証し、それを具体化するための方策について提言するものである。

(2) 千載一遇のチャンスをものにする

地方創生が遅々としている。

その最大の理由は、大都市から地方への人の移動が進んでいないことにある。要は、大都市の人々が地方に行く〝必要条件〟がみえない。だから、「まち・ひと・しごと創生基本方針2016」では、柱のひとつとして〝地方への新しいひとの流れをつくる〟と力んでみたところで、企業の地方拠点強化、政府関係機関の地方移転、生涯活躍のまち推進（CCRC（Continuing Care Retirement Community）のこと）ぐらいしか挙げることができない。いずれの施策も人口移動に関して単発的政策しか示されていないのである。

間違ってもらっては困るのは、地方創生は〝総力戦〟でやらないことには進まないのである。確かに女性の4年制大学の進学率が急速に高まったために、地方から大都市への人口移動には加速度がつき、すでに〝手に負えない〟感がなきにしもあらずであるが、ここでめげてはいけない。あらゆる可能性をもう一度再点検し、全力で臨んでほしい。

地方創生は、すぐれて大都市の問題である。地方がいくら大都市からの移住者の受入れに頑張ってみたところで、大都市から地方へ移住する〝行動者〟を生み出さなければ、ことは先に進みようがない。大都市サイドに、人口移動の〝必要条件〟を作り出すことに躊躇があってはならない。

大都市から地方へ移住する〝行動者〟を生み出すためには、何が必要なのか。筆者は「地方再生『三本の矢』」の提言の中で、三本目の矢として「ライフスタイルの変革」を提言した。その主旨は、地方を再生するためには大都市から地方への人の移動を活発化させる必要があり、そのためには主に大都市の人々の働き方や住まい方などのライフスタイルの変革が不可欠であると述べた。

そう、地方創生にとっていま最も必要なことは、大都市住民のライフスタイル変革に取り組み、そこから地方移住や地方への二地域居住・兼居の〝行動者〟を生み出すことだ。（二地域居住のことを筆者は地方〝兼居〟[1]と呼んでいる。大都市に住まいをもち、地方にもう一軒の仮住まいの家をもつこと。）

さて、この提言は、地方創生にとって千載一遇のチャンスを見逃さず、地方移住や地方への二地域居住・兼居の〝行動者〟を生み出すためのまたとない機会をものにするためのものである。その千載一遇のチャンスとは、「同一労働同一賃金」の社会づくりが開始されたことである。

2 大都市での働き方の変革をどう後押しするか

(1) 「同一労働同一賃金」に企業はどう向き合うのか

「同一労働同一賃金推進法」が2015年の秋に成立した。労働者の「職務＝賃金」、職務が同じなら賃金も同じにするために、雇用者の4割にものぼる非正規雇用について、正規と非正規の賃金格差の現状6割を少なくとも8割の水準まで引き上げるべくガイドラインを設けていく方向で検討が進められている。

これを受け、2016年6月1日の政府の方針はこぞって「働き方の改革」を打ち出した。「経済財政運営と改革の基本方針2016」で女性・高齢者の就業促進にあわせ非正規雇用労働者の待遇改善を謳い、「ニッポン一億総活躍プラン」では一億総活躍社会の実現に向けた横断的課題として働き方改革を示し、「まち・ひと・しごと創生基本方針2016」でも働き方改革が示された。

とくに「ニッポン一億総活躍プラン」では、次のように述べられている。

「同一労働同一賃金の実現に向けて、……躊躇なく法改正の準備を進める。どのような待遇差が合理的であるかまたは不合理であるかを事例等で示すガイドラインを策定する。できない理由はいくらでも挙げることができる。大切なことは、どうやったら実現できるかであり、ここに意識を集中する。非正規という言葉を無くす決意で臨む。……待遇差の是正が円滑に行われるよう、……司法判断の根拠規定の整備、事業者の説明義務の整備などを含め、……関連法案を国会に提出する。」

非正規雇用の解消について、政府はどうやら不退転の決意で臨むようである。久方ぶりの意気込みが伝わってくる。

さて問題は、このことによって何が起るのか。企業の人件費総額が1割ほど上がるのである。単純な計算をすれば、企業人件費総額の水準は現在では0・84（=正規割合6割×賃金水準10割+非正規割合4割×賃金水準6割）にあるが、これが0・92（=上記の非正規の賃金水準8割）となって企業の人件費負担がおよそ1割（=0・92／0・84）高まる。非正規の賃金水準を正規並みにすれば、人件費総額は2割増えることになる。

企業は、これをそのまま甘受するのか。それで国際競争力を確保できるのか。ここで思い出されるのが、かつて65歳定年延長が行われた時、企業がどう振る舞ったのかである。定年延長によって企業の人件費総額は約5％（＝現役従業員数の8分の1相当の従業員数に現役の4割水準給与が追加）上昇する事態があった。このとき、NTTグループは高齢者雇用の給与原資を確保するため、30歳代半ば以降の〝賃下げ〟を行ったのである。さらに子会社への転籍をしきりと行って給与総額を縮小する動きが盛んにみられた[2]。

「同一労働同一賃金」に対して、企業はどう向き合うのかが問われている。

(2) 「同一労働同一賃金」は雇用制度の変革を引き起こす

若者〝いじめ〟の最たる非正規雇用を看過していては、結婚はおろか出生率が向上しないばかりか、この国のありようを捻じ曲げてしまうおそれがある。だから「同一労働同一賃金」はこうした事態をくいとめるため、政府は腰を据えて政府干渉的に取り組もうとしている。

これに対し、企業は、定年延長のときに比べてはるかに重い給与原資を用意しなければならないことになる。これを回避するために、企業は単に現役の給与を1～2割も下げることができるのか。また、今後さらに子会社への転籍がそれほど機能するとも思えない。

では、企業は給与原資が大幅に上昇する事態に、どう振る舞うのか。どう振る舞うべきなのか。

企業も「働き方」改革に向け動き出している。その多くは、働き方の効率を評価して長時間労働をなくすことや、女性の活躍、技術革新などに意が注がれているようだ[3]。しかし、「同一労働同一賃金」の動きに対しては、こうした改革だけでは済まないように思われる。定年延長時に、企業はその政府干渉的政策の意味を十分理解していなかったために、その制度を受け身で受け入れざるをえず、現役の賃下げに走ったのである。この轍は踏まないほうがいい。

非正規雇用がなくなり人件費が大幅にアップする事態に対し、「総人件費＝従業員数×勤務時間×時間単価」であるとすれば、企業が取りうる選択肢は3つ想定される。

①　従業員数や勤務時間をそのままにして時間単価を下げる

②　ＩＣＴやロボットを導入して従業員数を減らす

③　勤務時間を短縮して賃金の上昇を抑える

①の選択は避けたいところである。②はいずれ到来するとみられることで、「同一労働同一賃金」をきっかけにして一挙に進展すれば、わが国の生産性が向上するものの、失業率が大幅に増える。③は雇用は守りつつ勤務時間の調整によって人件費の上昇が抑えられるが、〝雇用制度〟の改革を必要とする。

選択肢はそれほど多くはないが、戦後長らく続いたわが国固有の〝雇用制度〟が変革できるチャンスかもしれない。

周知のように、終身雇用、年功制、退職金など日本型雇用システムは１００年前の第一次世界大戦後の景気の急上昇期に、熟練労働に対する需要の増加にともなって高賃金による他社からの引き抜きの増加の対抗措置として導入したのがはじまりで、これが戦後の高度経済成長期にさらに規範化され強化された。若年人口の増加を背景に賃金の後払いのメリットを企業は享受できた。

しかし、企業を取り巻く環境は国際的なコスト競争の激化、少子・高齢化の進展、年金会計の破たんなどが進むにおよんで、終身雇用はおろか雇用リストラが常態化し、リーマン・ショック後は〝いつ首を切られるかわからない〟状態となった。定年延長が行われ、一方逆に非正規雇用が大手を振って行われるまでになった。いわば、かつての雇用制度はすでに社会の変化に合わず〝弥縫策〟が続けられる状況に陥っている。

今後、2040年にかけて大都市圏は75歳以上が2倍に増加し、若者が減少するという超高齢社

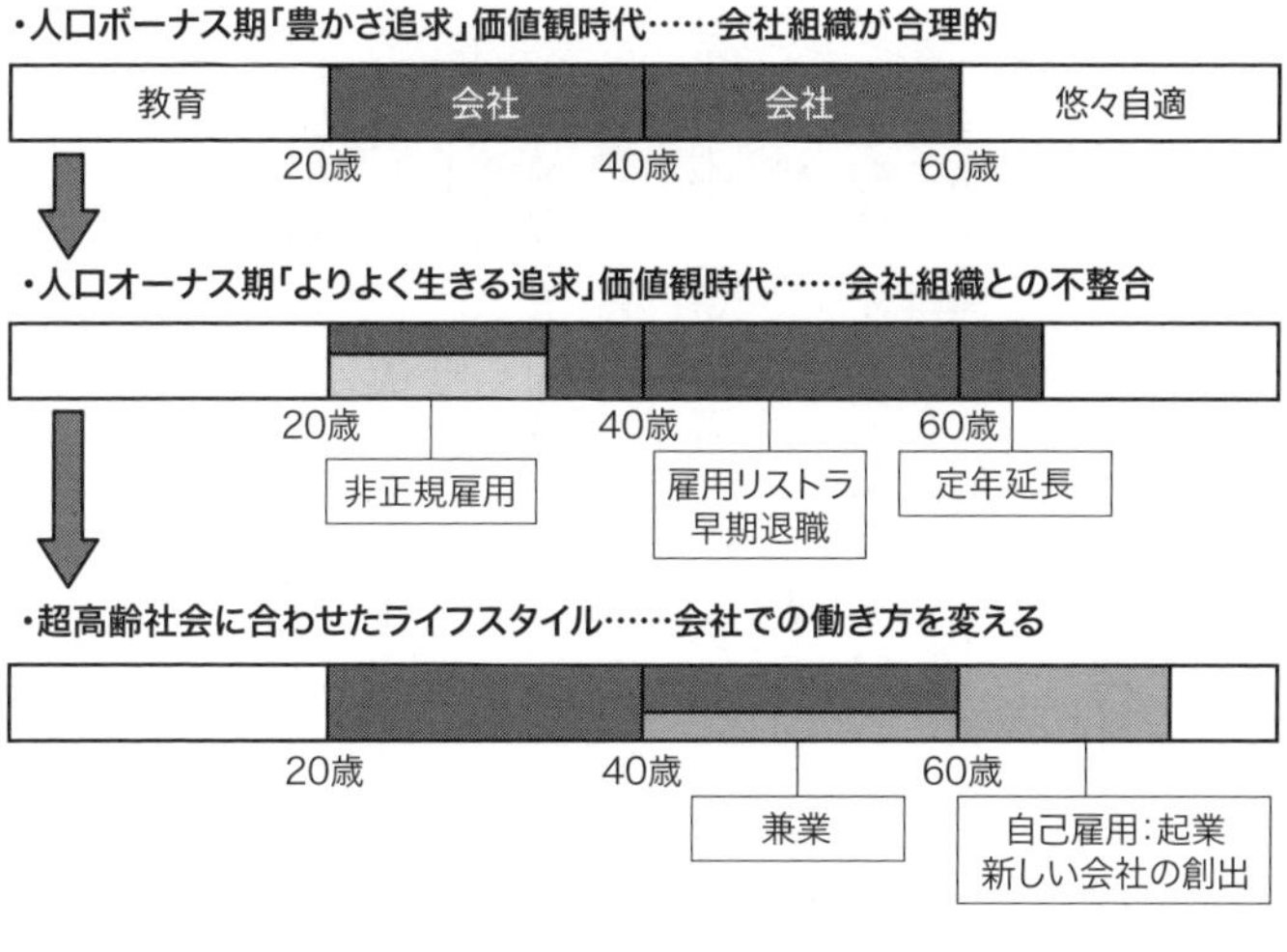

会を見越して、高齢者が健康である限りは労働力として社会に現れるように雇用制度を抜本的に改革する必要があるとまで言われるようになった。

(3) 雇用制度変革の方向

では、「同一労働同一賃金」を受けて、企業はどのように雇用制度を改革していくのか。あるいは、いくべきか。政府干渉的政策「同一労働同一賃金」に対しては、人事制度の小手先の改良で済むとはとうてい思えない。抜本的な〝雇用制度〟の改革が問われる。

その向かう方向は、NPO日本シンクタンク・アカデミーの岡本憲之理事長が主張する「人生二毛作」を可能にする働き方改革であろう。

「いよいよ本格的な超高齢社会を迎える日本。これからの日本は、平均寿命60年の一度きりの人生『単作時代』から、平均寿命90年の2回の人生『二毛作時代』へと向かう。そしてイノベーションのチャンスも2倍に増える。来るべき未来で待っているのは暗く衰退した社会ではない。イノベーションに満ち溢れた、明るく活力ある社会である。そんな超高齢社会を、高齢化で先頭を走る日本が世界で最初に実現したいものである。」[4]

その上で、筆者が所属するNPO日本シンクタンク・アカデミーで行われた雇用制度改革の議論をもとに、筆者なりに3つの選択肢をあげる。

ひとつは、東大の柳川範之教授が提唱する「40歳定年」である[5]。長期の正規雇用と短期の非正規雇用の真ん中に、〝中期〟の正規雇用を設ける。人生三毛作、75歳まで働ける時代にあって、20歳すぎから同じ会社でバリバリ働き続けるのは難しい。〝中期〟の正規雇用として40歳になったら一度定年し、知識やスキルを再構築して再び同一会社に勤めるか、または再就職するか、あるいは副業をもって起業の準備をする、このような雇用制度に変革していく。

二つ目は、筆者、㈱ふるさと総研の玉田樹が提唱する「兼業」を導入する[6]。40歳になったら例えば会社への貢献を7割にして給料も7割にする。これによって企業は若者雇用の拡大や非正規雇用の正規化の原資を捻出し、一方、従業員は3割の時間を使って副業収入を得るか、再就職の準備や起業の準備、子育て・介護や社会貢献をすることが目的だ。この中から地方兼居を行う人も出てくる。現役時代から起業する機会を得ることができるので、定年後にも生業をもって労働力に寄与できる。このような仕組みをもたないとこれからの超高齢化には対応できない。

三つ目は、経済評論家の高橋琢磨氏が提唱する「1・5稼ぎモデル」を導入する[7]。少子化の最大の要因は、〝若者いじめ〟だ。〝若者いじめ〟の最たるものは、春闘体制（年功賃金、1・0稼ぎモデル、正規・非正規の格差放置など）だ。「同一労働同一賃金」を実現する早道は自治体のリストラと〝1・5稼ぎモデル〟の導入を契機に企業にも適用することだ。これによって若者にフルに近い報酬を払われ、〝1・5稼ぎモデル〟が若者に結婚を促すことになろう。

これら3つの雇用制度改革の意味するところは、「40歳定年」は、雇用期間はおよそ20年で、40歳になったら仕切り直すというものである。年限という勤務時間にかかわる雇用制度改革である。「兼業」は、40歳になったら勤務日数を減らして、副業をもつことを可能とする雇用制度改革である。「1・5稼ぎモデル」は、夫婦共稼ぎの2・0稼ぎでは子育てなどがままならないため、同一労働同一賃金にして1・5稼ぎモデルが一般的な社会をつくる改革である。

これらの改革について筆者なりに〝勤務時間が多様な働き方〟モデルとして展開すれば、すべて同一賃金を前提として、次のようなタイプがありうる。

標準タイプ（5日勤務×8時間＝40時間：現在の正規雇用形態）
短日タイプ（4日勤務×10時間＝40時間：ユニクロなど、介護・育児が可能な形態）
兼業タイプ（3日勤務×10時間＝30時間：富士ゼロックスなど、副業がもてる形態）
短時タイプ（5日勤務×4時間＝20時間：現在のパート形態）

選択が多様な勤務形態がありうるのである。夫婦はこれらの多様な選択肢から1・5稼ぎになるように人生設計をする。

このように、「同一労働同一賃金」の導入は、企業がこれまでの雇用制度を「40歳定年」「兼業」「1・5稼ぎモデル」「多様な勤務形態」などのいずれかの形に改革することを余儀なくし、総賃金を圧縮させることになるのではないかと考えられる。

(4) 雇用制度変革は「兼業」へと向かう

「同一労働同一賃金」の加速化は、企業をして雇用制度改革へと導く。その答えは定かでないが、是非、「兼業」の仕組みが企業に導入されるよう導きたいと考える。「兼業」の考え方は、筆者が10年前に、〝地方への兼居〟を進めるうえで是非導入すべきこととして「〝3割兼業〟のすすめ」を提言した[8]。

そして、今般、政府がその導入に力を入れ始めた。2014年5月の産業競争力会議で当時の茂木経産相が「起業者を増やすために〝兼業・副業〟の仕組みを持つよう企業へ働きかける」ことを開始した。

また、2016年3月の経済財政諮問会議で民間議員は「副業を希望するものは368万人と増えている。キャリアの複線化、能力・スキルを有する企業人材の活躍の場の拡大や、大企業人材の中小・地域企業での雇用促進などの観点から、積極的に兼業・副業を促進してはどうか」と提言した。

そして、2016年6月の「地方創生基本方針2016」では、地方のプロフェッショナル人材強化の観点から「都市部大企業の〝兼業〟促進によって地域企業との間の多様な形での人事交流を活発にするため、都市部の大企業等へのアプローチを強化する」ことが示された。

これは重要なことである。しかし、「兼業」はなにも地方へのプロフェッショナルな人材の移転を促すだけではない。地方創生にとってより大きな広い効用が期待できるものとして捉えることが必要だと思われる。

仮に企業が、40歳以上の従業員に3割兼業の雇用制度を導入したとしよう。従業員は平均して

3割分、週3〜4日程度の時間を自己裁量の時間に割り当てられるので、副業をもったり、自分のスキルに磨きをかけ企業内でのキャリアアップや転職の機会を窺うことも可能だ。さらには、その時間を使って起業の準備をする、子育てや親の介護にその時間を充てるかもしれない。

さらに重要なことは、地方での二地域居住・兼居が可能になることだ。田舎の空き家を借りて、地域企業のアドバイザーとして自らのプロフェッションを生かすばかりでなく、農業や田舎での生業（なりわい）としての起業を行うことも十分にありうるのである。

地方創生は、すぐれて大都市の問題である。大都市の人々の働き方などのライフスタイルが変わらないかぎり、本当の地方創生はおぼつかない。地方への移住や二地域居住・兼居は、CCRCのように中・高齢者に頼るよりも、バリバリの現役世代を対象に実践してもらいたいからである。

地方創生本部は、まず「同一労働同一賃金」が実現するよう支援し、そして「兼業社会」が到来するよう何よりも力を注ぐべきと考える。そのことが、結局〝地方への新しいひとの流れ〟を加速化するのである。

(5) 「兼業」社会をどう加速化させるか

経済財政諮問会議に出された資料によれば、中小企業庁が2014年に4513社に行った「兼業・副業に係る取組み実態調査」がある。これによれば、「兼業・副業を推進している」企業はゼロ、「兼業・副業を認める制度がある」企業は3・8%にすぎない。なんとも心もとないかぎりである。

だが、筆者が2015年、地方戦略づくりのお手伝いで兵庫県養父市の企業96社の経営者を対象にした企業アンケートによれば、「兼業を検討してみたい」が8・3％、「他の企業が実施するなら検討してみたい」が9・4％に上った。

この2つのアンケートの差から示唆されることのひとつは、「兼業」は企業のトップの判断に訴えかける必要があることだ。中小企業庁の調査はおそらく人事部が回答者で、養父市は経営者が回答者であったことにある。かつて2002年に日経新聞が主要企業106社の経営者にアンケート[9]したところ、「すでに社員の兼業を認めている」が6・6％もあり、「今後、検討する」が52・8％に上った。一方、同時期に行われた日経新聞の上場・非上場253社アンケート[10]では「ワークシェアリングを導入するつもりはない」が77％に上った。企業の人事部はおしなべて保守的なので、そこに訴求しても埒があかない。企業の将来を託された経営者をその気にさせることが早道であることである。こうした点で、「兼業」社会をつくるには、経済同友会など経済団体などに訴えかけることが必要かもしれない。

また、もうひとつ示唆されることとは、「兼業」は各社が一斉に導入に至るようなタイミングを用意することが必要なことだ。いまから15年前、「40歳を過ぎると社員は仕事をやらなくなる」ということを解消するため、社長が主導して〝40歳定年〟の導入を試みたある一流企業では、「優秀な人材がいなくなる」という理由で見送られたことがある。「兼業」でも、1社だけ実施すれば同様にババを引くことになりかねない。また、「兼業」は1社だけやると、平日の昼間にダンナが家にいる場合があるので、リストラされたのではないかと近所の目がうるさい。敵は本能寺にあり、背後にもいるのである。だから、各社同じ条件にして実施することが求められる。養父市の経営者が「他の企業が実施するなら検討してみたい」というのはひとつの参考になる。戦略的補完性、みんなで渡れば怖くない状況をいかに作り出せるかで勝負は決まる。

そのための第一歩は、各社の就業規則に存在する兼業の原則禁止規定を一斉になくすことである。司法の判断では、過度の疲労を蓄積しない程度で、同業でなく、イメージの低下につながらなければ副業をもつことは問題ないとされる[11]。したがって、兼業禁止規定の排除について場合によっては法制化することも検討してほしい。

同時に、雇用保険などの制度的条件を整える。

そのうえで、兼業を実施する主要な企業を2桁の複数企業に押し立てる工作をする。リーダー企業に率先してもらうのである。すでに富士ゼロックスでは2003年より「フレックス・ワーク制度」を導入し、社員の身分のままで兼業・自己啓発のための時間を確保でき独立のための準備が可能なようにした。副業は40％以内で1日単位の曜日または隔週で設定し、その分賃金をカットするというものである。またユニクロは介護や子育てによる離職を防ぐため、2015年より短日タイプの雇用制度を導入した。1日10時間労働の変形労働時間制を導入し、週4日勤務・週休3日とした。ロート製薬は2016年から社会貢献や自分を磨く働き方として週末や就業時間後に副業を認める制度を導入した。

このような事例は今後増えてくると思われる。まずは、こうした事例を増やしつつ、ある一群の企業集団を先進企業集団としてわが国全体を牽引するようにする。

また、わが国を代表する企業に「兼業」を取り入れてもらい、率先垂範してもらうのも手である。かつて〝時短〟社会を作った時にその例がある。エコノミックアニマルを返上するため、政府が〝時短〟の音頭をとったがなかなか進まなかった1992年、松下電器（現パナソニック）の人事部長が全国の事業所を回って説得にあたり、会社全体として〝時短〟の推進をいち早く開始した。その後、さまざまな企業が後に続いたのである。

政府は、「同一労働同一賃金」を進めるにあたり、企業が単に従業員数の削減や現役の賃下げを行ってアベノミクスに逆行しないよう誘導するとともに、その出口対策について選択肢を用意すべきである。その有力な出口として「兼業」があることを示し、新しい雇用制度をもって将来を切り開く努力をすべきと考える。

(6) 「兼業都市」宣言の導入を図る

「兼業」の実施について〝みんなで渡れば怖くない〟状況を作り出すために、経済団体に働きかけることのほかに、県や市町村など〝地域〟に働きかける方法がある。

かつて震災の復興ままならない神戸市で、経済再生に係る委員会が開かれた。そのとき筆者は「神戸〝兼業都市〟宣言」をしたらどうかと提案した。神戸は10大都市の中で起業発生率がきわめて低い状態が続いており、このままでは経済の活性化がおぼつかない。起業者が少ないのは、多くの人々が重厚長大産業に丸抱えで雇用されたままなので、起業の自由度がきわめて低いことにあるとみられたからである。そこで、市内の企業全体に〝兼業〟の雇用制度を導入してもらい、副業の時間を使って起業の準備を促したらどうかというものであった。議論は大いに盛り上がり市もその気になったとみえたが、最後に委員長の「兼業とはいかがなものか」の一言でチョンとなった。

また、2014年秋に神奈川県の副知事を訪問して、地方創生はすぐれて大都市の問題である、是非、先進県である神奈川県の協力方を願いたいと申し入れた。そのなかで「〝兼業〟県神奈川宣言」を提言した。国が「兼業・副業」の働きかけに着手したので、これに呼応しながら、神奈川県でも県下の企業への働きかけを経済界などと一体となって行う。そして、県全体を兼業地域とすべく、「〝兼業〟県神奈川宣言」を県議会などで採択してもらい、県が推進役となって企業の兼業を推進していく。兼業の先にあるのは地方や県内地方部での二地域居住であり、起業の推進である。

さらに過日、「兼業」を推進している経済産業省に対して、ある大都市地域で企業を集めて〝兼業セミナー〟の実施を働きかけたが、不発であった。

こうした「〝兼業〟都市宣言」は残念ながら筆者の力不足で未だ陽の目をみていないが、地方創生本部は是非、地域単位での「兼業」導入の働きかけを行ってほしいと考える。

⑺ 100万人単位の「二地域居住（兼居）」する兼業者の発生

このように、「同一労働同一賃金」の動きをきっかけとして、企業は「兼業」などの雇用制度の導入へと向かうことが期待される。

そして、兼業を行う人たちの中から、二地域居住に向かう一群が現れてくる。㈱パソナのパソナキャリアカンパニーは、企業の早期退職者向けの再就職支援を行っている。一般的な再就職支援とともに、セカンドライフ支援「独立・社会参加」「海外就職」「田舎暮らし」などの支援を行っている。「田舎で働く」ことを支援する割合は、再就職支援全体の5％程度あるという。仕事に自由度をもてば、5％は田舎に向かうということだ。

こうしたことから、仮に大都市の男子労働者の半分1000万人が兼業を行うとすると、まずは5％にあたる50万人は田舎で働くことを選択するとみられる。

地方創生本部が「田舎で働くトライアル」を大いに奨励すれば、5％を10％にまでもっていくことは十分に可能だと考える。先に述べたように社会人全体の30％が「田舎で生業をつくりたい」としているので、次に述べる「田舎での受け皿づくり」を行って人口移動の魅力的な〝十分条件〟の整備を行えば、10％～30％、100万～300万人を超える単位で現役の兼業者が田舎に向かうことになるだろう。

地方への移住をいきなり実行に移すことはなかなか難しい。大都市を切り捨てていくにはあまりにリスクが大きいのである。だから、トライアルとしての二地域居住がある。兼業社会が生まれれば、手探りで二地域居住・兼居を開始し試行錯誤して本当に住める田舎を見つけることが可能になる。

だから、地方創生にとって「兼業社会」は必要条件である。兼業社会が生まれれば二地域居住・兼居の社会に一歩近づく。兼業・兼居社会の到来である。

3 兼業者100万人単位の受け皿を地方でどう作るか

兼業社会が実現すれば、兼業をする人の5％、50万人は、地方の受け皿である〝十分条件〟が現状の水準でも田舎で副業をもつことを開始するだろう。

問題は、それを10％や20％に高め、数にして100万人、200万人が地方に移動する人口の大逆流をいかにして作るかである。

そのため、大都市での「兼業」の〝必要条件〟づくりに加えて、地方での「受け皿」の〝十分条件〟づくりが不可欠となる。

(1) 「現役のノウハウ」を地方で活かす

そのひとつが、現役のノウハウを地方で活かすネットワークづくりである。いま働いている企業で培ったノウハウが副業で生かせるなら、兼業を行うとしても3割減った給料をカバーし、それ以上の収入が期待できるかもしれない。

地方の企業は人材を求めている。地方には働く場がないので人々は東京に出てくる、それはその通りなのだが、一方、専門的人材は全く足りていない状況が続いている。

兵庫県養父市の企業アンケートによれば、今後事業活動を存続し発展させていくための最大の課題は、「専門的な技術・知識・経験をもった人材の確保」で62％の企業が挙げている。また「一般の従業員の確保」40％、「後継者の確保」25％となっており、人材確保が最重要課題となっている。他の地方でも概ね同じ状況にあるとみられる。

養父市の例では市内企業96社に100人規模の人材ニーズがある。1社1人以上である。地方全体では数十万～数百万人規模のニーズが存在すると推定される。

だから地方創生本部は「基本方針2016」で、〝企業の地方拠点強化〟をあげ、地方企業のプロフェッショナル人材強化の観点から「都市部の大企業に〝兼業〟を促し、地域企業との間で多様な形での人事交流の活性化を行う」としたのだと考える。まさに“true”である。

だが、事はうまくいくか分からない。かつて東京商工会議所が〝生涯現役〟事業として地方の商工会と組んで、リタイアした者のノウハウを地方企業に結びつけようとしたことがあったが、これはうまくいかなかったようだ。

しかし今般は、現役世代の兼業者が対象になる。現役兼業者のノウハウを地方企業の足らざる人材としてどうマッチングさせるのか。勝負どころである。

まず、現役の兼業者が副業としてノウハウを移転することになるので、司法判断の「同業他社」

要件が問題になる。競合する同業他社へのノウハウの移転があれば、企業として到底受け入れられないだろう。しかし、地方の中小企業の同業他社であれば、どうだろう。同じ業界であっても、〝同業〟と呼ぶにはあまりにも業態や競合エリアが違うのである。ノウハウが生かしやすいのは同じ業界の仕事であるので、副業先が同業であっても地方の中小企業であればそれが可能になるよう、まず副業先の地方企業「同業他社」要件についてしっかり整理することが必要である。

その上で、大都市企業の兼業者と地方企業の求人要件とのマッチングの仕組みを構築する。地方企業が求める専門人材は、製品開発、マーケティング、貿易、会計、その他など多岐にわたるうえ、一般の人材の募集も行っているので、マッチングが的確に行われるような体制づくりをしたい。

人口移動の地方サイドでの〝十分条件〟を用意するためには、まず、地方の企業の求人情報を網羅的に掘り起こし探索し、地域別に職務や勤務条件などセグメントされた情報を整備することが不可欠である。これを〝急ぎ〟始めたい。

その上で、大都市企業に対して、兼業者の地方での副業先を紹介するネットワークを構築する。東京商工会議所と地方の商工会のかつての取組みをもう一度掘り起こし再活用するのも一案だ。ハローワークのネットワークを企業の人事部やＮＰＯふるさと回帰支援センター（東京・有楽町）の各県ブースとつなぐことも考えられる。さらに、人材紹介企業などが有料仲介事業として参加すれば、地方創生にかかわる新しい産業が生まれることになる。

このようにして、大都市の兼業者は、週2日程度を地方企業のアドバイスにあて、その対価をうる。これによって〝地方への新しいひとの流れ〟をつくることができる。そして、このことが、兼業者をして地域とのつながりを深め、いずれ移住する人が増えることが期待される。

(2) 「七人の侍」の活躍の場づくり

兼業社会を迎えれば、100万人規模単位の大都市兼業者が地方に向かう。そのなかで数十万人の人たちはプロフェッショナル人材として、地方企業と雇用関係を結び副業をもつだろう。そして、他の数十万人の人たちは、これといった副業先がないまま、ある種の期待を込めて地方での二地域居住・兼居を開始する。

この副業を特定しない人たちは、本業での雇用関係に加え副業でも雇用関係をもつことに煩わしさを覚える人たちである。だが、二地域居住・兼居であるとはいえ、のんびりリフレッシュばかりしてはいられない。何かやることを必ず探す。

その答えのひとつが「生業（なりわい）」づくりである。田舎での自由にできる時間を「自己雇用」の機会の開発に向けていくだろう。

しかし、起業開始は、地域との関係をつくるために二地域居住・兼居を始めてから2〜3年は必要とみられるので、この時間は、兼業者にとってその場が自分に向いているかどうかをトライアンドエラーできる利点をもつ。と同時に、地方は兼業者の二地域居住先としてふさわしいか、試練にさらされることになる。そのため、兼業者が二地域居住しやすい環境を用意し、その獲得競争に勝たなければならない。

とりわけ重要なのは、起業しやすい環境があるかどうかだ。2～3年二地域居住を続けた人は、その地域の実情を十分認識し、自分だったらこれができる、というものを見つける。そのとき、その思いを形にできる「ふるさと起業誘致条例」などの支援体制があるかどうかである。

地元企業の雇用者にならない兼業の二地域居住者は、「七人の侍」である。都会人の目、現役の企業人の目などから、地域の問題を発見しどう解決したらいいかを探索する、あるいは、地域資源を別の観点から発見しその活用方法を探索する、そして自ら率先してそれを実行するだろう。

(3)「社内失業からの脱却」のためのリトリートの場づくり

企業に「兼業」制度を導入してもらうインセンティブをつくるために、地方は、企業の「社内失業への対応の場」を作って人口移動を惹きつける〝十分条件〟を用意したらたらどうか。

東大の柳川教授によれば、社内失業者はおよそ500万人、雇用者数の10％に及ぶという。早稲田大学の小杉正太郎名誉教授（社会心理学）によれば、企業カウンセリングを通してストレス症でうまく働けない人は平均してそれぞれの企業に8％いるという。筆者がリーマン・ショック1年後に全国10万人アンケートをとったところ、「自分の健康回復のために田舎に行きたい」が13％に及んでいることがわかった。

これらの数字は決して少なくはない。適性に欠けたり、ストレスによってうまく企業内で仕事ができずにいわば戦力外通告を受けているのは10人に1人と多い。企業にしてみれば解雇もできず大きなロスを生んでいる。

柳川教授は、だから40歳定年で一度人生を見つめ直す時をおくべきだという。筆者は、「兼業」によって、〝田舎でのリトリート〟を行う仕組みを用意すべきと考える。一時的避難所。小杉名誉教授によれば、企業内で精神的ストレスをもつ人は、一時的にその場から離して回復させることが不可欠であるという。兼業の時間を使って仕事から離れ、田舎で土いじりをして健康を回復するのである。鳥取市に本社をおく㈱LASSICは、東京の大手ICT企業のストレス者を1週間鳥取でカウンセラーつきで土いじりをさせ、その回復に寄与している。

これにならい、大都市の兼業者を誘導し、地方で農業をしてもらう体制を整備する。それぞれの市町村が、特定の企業と向き合って、継続的なリトリートの場を提供するのである。「企業人のためのリトリート・フィールド」（RFBP：Retreat Field for Business Person）を全国各地に用意する。地元では、このフィールドに企業人が来て土いじりをすることを支援する農業経験者や支援団体も必要だろう。また、1週間程度、多人数が宿泊する場も必要だ。空き家などの活用体制を整える。

こうしたRFBPでの企業人の活動を支援する専門企業の出現が不可欠となる。ストレス者をRFBPに連れていきカウンセラーの指導のもと農作業を通じて健康回復させる。先の

ＬＡＳＳＩＣ社以外に専門事業者の支援体制をつくる。ここにひとつの産業が興こる。

地方創生は、このＲＦＢＰの全国への展開を通じて、大都市企業人の健康回復に寄与することを是非進めてほしい。ＣＣＲＣも結構だが、ＲＦＢＰのように〝現役〟の企業人を地方が支援し、それが縁となってその土地に移住してくることが大いに期待されることにつながるのである。

⑷「雇用の調整の場」としての企業の農業参入の場づくり

大都市に兼業者が溢れかえるのに対応し、改めて「企業の農業参入」に対応する〝十分条件〟を地方につくりたい。

２００８年のリーマン・ショックは企業にさまざまな教訓をもたらした。そのひとつが雇用の調整弁、バッファーとしての農業の取込みである。トヨタグループの㈱アイシン東北（岩手県金ヶ崎町）は、不況時の対応として、農業を新規事業に加えた。リーマン・ショック時、開業以来の初めての赤字を回避するため、多くの従業員をリストラした。ところが、その半年後の中国特需への対応のため従業員の呼び戻しを行ったが集まらず、多くの機会損失を被った。社長は、「こうしたことを繰り返していては、従業員は育たない」と考え、不況時に従業員を解雇せずに乗り切る方策として農業を新規事業として取り込むことに踏み切った。

折しも２００９年に農地法が改正され、リース方式で一般企業が農業に参入することが全面自由化し、リース期間も最長50年に延長された。その結果、法改正後６年間で約５倍のペースで参入が増え、農水省の調べでは２０３９の法人が農業に新規参入した。その多くは、食品関連産業、農業・畜産業、建設業など本業の拡大に対応するものが占めるが、一般製造業やＩＴ企業、小売業などの参入もみられるようになった。

製造業やＩＴ企業の農業参入では、企業の〝社会貢献事業〟として農業に参入している例は多数みられる。特定地域の農業を企業従業員や家族で応援する姿はあちこちでみられるようになった。

とりわけここで強調したいのは、〝雇用の調整弁・バッファー〟として農業に参入する例が増えてきていることだ。先のアイシン東北にみられるように不況期の解雇を避けるための雇用の調整弁として農業に参入した。またＩＴ企業の㈱つばさ情報（埼玉県深谷市）は、65歳の定年対策や不況の中でも働ける職場を確保することを目的として農業に参入した。ソフト販売を行っている㈱アシスト（東京都千代田区）は、不況時の給料減少に備え社員が自給自足の備えができるように週末農業のための農地賃借料を助成し、難局を一種のワークシェアリングで乗りきる体制を整えている。配電・電気・空調事業を行う㈱九電工（福岡県福岡市）は、社員の余剰を防ぐために農業・一次産業に本格参入し、熊本県天草市でオリーブ栽培とその加工販売事業を開始した。

「同一労働同一賃金」の圧力は、賃金総額の上昇を抑えるため、企業に「兼業」などの雇用制度の改革を促していく。そればかりでなく、さらに〝非正規〟がなくなりすべてが〝正規〟社員扱いになれば、企業は大きな固定費を抱え込むことになるため、「雇用の調整弁」を用意することが必要不可欠になってくる。これもひとつの雇用制度改革となる。「雇用の調整弁」に対応するものとして、企業の農業参入を促し、地方創生に寄与したい。

加えて、兼業者は中には、自ら副業を開拓することに不得手な人がいることも想定される。そうした人に向けたオプションのひとつとして、企業が田舎での農業の機会を提供するのである。

こうした雇用の調整弁、兼業への対応としての企業の農業参入は、企業にとって新規事業でもあるが、より正確にいえば〝人事部門の新規事業〟である。100年におよぶわが国特有の雇用制度を変革するため、避けては通れない道であると思われる。

筆者の会社などが行った「企業の農業回帰アンケート」[12]によれば、企業が農業に参加していくに際しての支援策として3つがあげられる。1つは、「社会的風土づくり」である。企業の農業回帰は世の中ではあまり一般的でないため、株主への説明のためにも、また従業員が取り組みやすくするためにも、社会的風土づくりが必要である。2つ目は、「資金的な支援」である。土地の調達や設備投資の資金に加え、慣れない従業員を研修する必要から雇用調整金を使えるようにする。3つ目は、「自治体の協力」である。農地の仲介などを含め、ノウハウも持たず土地の手当てもままならない一般企業にとって参入する地域の自治体によるサポートが不可欠である。

このような企業の農業参入に対応して、地方は今からその場を用意する準備にとりかかる必要がある。斡旋する農地、宿泊場所、農業技術支援体制などやるべきことは多い。それぞれの地方は、誘致する企業を探すことを開始されたい。

(5)「新型の企業（人）誘致」と「新しい企業（人）城下町」の形成へ

このようにして、地方は「新型の企業（人）誘致」と「新しい企業（人）城下町」の形成に向けて地方創生を図りたい。

かつては、企業誘致といえば工場の誘致であったが、「新型の企業（人）誘致」とは〝企業人〟の誘致である。企業城下町といえば企業や工場のあるまちのことであったが、「新しい企業（人）城下町」とは〝企業人〟の城下町のことである。

政府は地方創生に向けて、〝企業〟の地方への移転をオウム返しに言うばかりだが、本質は違う。人、とりわけ現役の〝企業人〟の地方移転を図ることこそが、今日的な課題である。

ここであえて企業誘致や企業城下町という古臭い言葉を使ったかといえば、企業従業員のためのリトリート・フィールドや雇用調整の場としての企業の農業参入に対応するためには、地方はある特定の企業を対象にして受け皿を用意することが現実的であり、それは必然的にある企業を誘致することになり、その結果ある企業人の城下町ができあがるからである。

また、兼業を行う専門人材が全国各地の企業に副業として赴く場合、同一企業の異なる専門性をもった人材が同一地域に集中することは十分に考えられるからである。

このようにして、企業の兼業化という〝必要条件〟が成立すれば、地方は兼業を行う特定企業の〝十分条件〟を用意する、という相対関係が成立してくるようにみられる。1市町村に特定の複数の企業が誘致されることが考えられるので、「1市町村M企業」という呼び方をすることも可能だろう。こうした運動を全国展開したい。

地方創生本部は、このことに意を配して地方創生に道筋をつけるべきと考える。

4 「兼業」を促進し「二地域居住」に向かわせるインセンティブ

「終身雇用・年功序列」というかつて成功した雇用システムを、社会の変化に合わせ「兼業」というシステムに置き換えられるかどうか。

昭和女子大の八代尚宏教授は「『同一労働同一賃金』は正社員にも無縁ではない」[13]という。まさにその通りである。だから、「兼業」についても、いまから〝正社員も無縁ではない〟ことを政府は喧伝すべきである。身構えてもらいたいし、後世代のためにいい知恵を引き出してほしいのである。

「兼業」について、中高年の人たちは、給料が減れば子どもの学費や住宅ローンがままならなくなるので、導入は難しいという。〝では、あなたのお子さんやお孫さんにとってはどうか〟と聞けば、答えはきわめて不明確になる。

問題は、〝将来〟なのである。非正規雇用をなくすのである。このことが、計り知れない利益を社会全体にもたらしてくれるのであれば、〝将来のため〟を強調して「兼業」システムを導入するしかあるまい。

(1)「兼業」を生むインセンティブ

とはいえ、「兼業」へのインセンティブ政策も欠くことができない。兼業に突入しても十分やっていける、という見通しがないとなかなか兼業には踏み切れない。だから政府は、副業の機会や起業しやすい環境を整備する必要がある。とりわけ、すでに述べたように、地方に行って副業や生業がもてる仕組みが用意されていることをしっかり喧伝する必要がある。

とくに、現役の雇用者にとって、学費と住宅ローンは避けて通れない。いい知恵があるわけではないが、例えば、政府が導入するという「給付型奨学金」の優先利用枠を兼業者に設ける、また、住宅ローンの年間返済額を7割にして返済期間を延長するよう金融機関に働きかけることも必要だろう。さらに、雇用保険の教育訓練給付制度を活用してキャリアアップのための研修に助成することや、雇用調整助成金で教育訓練を受けやすくするなど、兼業時間が有効に使える措置を講ずる。

また、起業の準備に取り掛かれる環境づくりも欠かせない。実際の起業に際しては設備投資資金などの投融資体制が結構整ってきていると思われるが、起業に至るまでの活動資金や会社登記などに必要となる資金の助成体制をしっかり準備することが求められる。

(2)「第2住民票」で兼業者を地方に向かわせる

兼業者はその5%は地方に向かう。それを10%、20%に高めるためのインセンティブを用意する。まず、「第2住民票」の導入を検討したい。兼業者が行う移住とまでいかない半定住、二地域居住・兼居のために、住民基本台帳法を改正し、「第2住民票」を位置づける。これは一定期間、その地域に二地域居住する人を対象に、市町村が発行するもので、この総数が〝地方への新しいひとの流れをつくる〟ことの成果に結び付く。

この「第2住民票」をもって、住民税の課税方式の変更をし、大都市本居地と二地域居住地間の住民税の按分をする。ふるさと納税がバーチャルな住民税の移転であるとすれば、「第2住民票」による住民税の移転はリアルな移転となり、地方創生に大いに寄与することになる。地方は競ってこの「第2住民票」の発行に走るだろう。重要なことは、二地域居住者が、この住民税の按分により地域での疎外感をなくすことができることだ。ごみを出し道路も使って税金を払わないのは大いに気が引ける。「第2住民票」による住民税の移転はこの問題を解消してくれる。按分は定率方式でもよいし、年間の居住期間を二地域居住者による申告や電気メータによる計測などで捉えることもありうる。

さらに、第2住民票をもつ人に対して、二地域居住間の移動費用に適用する運賃の割引制度の導入を行う。二地域居住を行う人にとって、頻繁な往復移動に伴う交通費が大きなネックとなる。これによる出費で二地域居住をためらわないようにするために、第2住民票の所有者に対して割引定期券を発行するなど鉄道、航空機、高速道路などの運賃割引を運送事業者に働きかける。実施した企業に対して、割引分などを減税の対象にしてその機運を高める。

加えて、第2住民票所有者に対し住まう空き家の賃貸料について助成があってもよい。空き家を賃貸する建物所有者に対しては、固定資産税の非課税や改修資金の所得控除などを行うべきである。また、すでに述べたが、起業しやすい環境を用意することも忘れてはならない。やるべきことは多々あるということである。

5 〝地方への新しいひとの流れをつくる〟再考

政府の地方創生の4本柱のひとつ〝地方への新しいひとの流れをつくる〟は、企業の地方拠点強化、政府関係機関の地方移転、生涯活躍のまち（CCRC）推進の3つで本当に形にできるのだろうか。手の内にある政策だけで、本当に地方創生が進むのだろうか。この提言を書くきっかけになったことである。

思えば、半世紀も前、金の卵ともてはやされた大都市への大きな人口移動があったが、それが逆転しないかぎり地方は元には戻らないと思い続けてきた。そのチャンスが到来したという思いがこの提言へとつながっている。

わが国社会の〝構造的改革〟なくして、〝地方への新しいひとの流れをつくる〟ことはできないと考える。総力戦をやってほしい。その構造的改革の千載一遇のチャンスが「同一労働同一賃金」にある。

「地方創生基本方針2016」で示した〝兼業化を進めてプロフェッショナル人材を地方に回す〟、これはまさに“true”である。しかしこれは、「兼業」の効用を一面的に示したにすぎない。

兼業化によって、二地域居住・兼居先の地方の問題解決や資源活用などを地元に提言し自ら実践する「七人の侍」が生まれることも大いにありうるのである。

兼業が起るのは「同一労働同一賃金」という政府干渉的政策が動くことによってである。この政府干渉的政策を千載一遇のチャンスと捉え、〝悪乗りして〟企業を「兼業」へと導くことが地方創生にとって大事なことではないか。

そうした社会の構造改革なくして、地方創生は夢に終わる。このことは政府が行うべき優れた「公助」である。

不退転の「同一労働同一賃金」この千載一遇のチャンスを捉え、人口移動の大逆流を起こしてほしい。「兼業・兼居」社会を是非かたちにしてほしいと願うばかりである。

2 「兼業」は可能なのか

「兼業・兼居社会づくり」についての提言を示しました。これについて「そもそも『同一労働同一賃金』が成り立つのか。加えて『兼業』が本当にできるのか」という意見を多数いただきました。

1 非正規雇用の実態

この意見について考えるまえに、「非正規雇用」について少し説明をしておきます。非正規雇用者は、アルバイト、パート、派遣社員、契約社員、嘱託などと呼ばれる人たちを指します。政府の労働力調査によれば、２０１５年では雇用者全体は５２８０万人で、そのうち非正規雇用は１９８０万人、38％を占めます。

非正規雇用を性別にみると、男性の非正規雇用率は22％、女性は56％を占めます。年齢別では、45歳までは30％を少し下回る程度ですが、以降徐々にあがって、45～54歳は32％、55～64歳では47％、65歳以上では74％が非正規雇用になっています。

問題は、賃金構造基本調査によれば、この非正規雇用の賃金水準が平均して正社員の６割程度に留まっていることに加えて、年齢に応じて上昇していないことにあります。正社員が50歳頃に年収４００万円に達するのに対し、非正規では２００万円にとどまります。

ただ、留意しなければいけないのは、非正規雇用者のうち「不本意」で非正規雇用になっているのは、１９８０万人のうち３１５万人、16％であるということです。中高年の雇用者や女性の場合、「自ら選択して」非正規雇用になっている人が多いということです。

２ 人口オーナス期の雇用制度とは

いまひとつ、この問題を考えるときに留意すべきことがあります。それは、人口オーナス期の雇用制度はどうあるべきかを考えることです。

これまでの年功序列、終身雇用は、人口ボーナス期に生まれた雇用制度です。人口ボーナス期というのは、15～64歳の生産年齢人口が大変に多く、次から次へと若い労働力が補給される状態を指します。わが国では1960年代より1990年初頭までがこの時期にあたり、消費も活発化するので高度経済成長が生まれました。

この人口ボーナス期では、若い労働力が絶え間なく補充されるので、賃金の後払いシステム、つまり若い時は給料が低く年を経るごとに給料があがる終身雇用、年功賃金の雇用制度を可能としました。

しかし、現在は人口オーナス期に入っています。ボーナス期の逆で人口が負荷、重荷になっている状態です。1990年代の半ばからこの状態になり、すでに20年が経過しました。全国の合計特殊出生率が2・0を割ったのが1975年ですから、ここから子どもの数が年々少なくなり、20年後の1990年代半ばについにわが国は人口オーナス期に突入したのです。

人口ボーナス期に機能した終身雇用、年功序列の雇用システムが、人口オーナス期にそのまま機能するわけがありません。この20年、これだけ劇的に社会環境が変わり、実際、若い労働力の補充が難儀するなかで、古い雇用制度にしがみつき、非正規雇用や育児・介護休暇などの弥縫策ばかりを続けていては、破たんをまねくことは火を見るより明らかです。

加えて、この20年、企業はグローバル経済の矢面にたってきました。こうした環境の激変に対して、そのままでいられるわけがありません。

だから、〝「同一労働同一賃金」が成り立つのか〟と聞かれれば、YES。〝「兼業」なんて本当にできるのでしょうか〟という問いの答えは、Perhapsですか。

3 避けて通れない「同一労働同一賃金」の国民的な議論

1 どうやら不退転の決意をもった政府

さて、安倍首相は、近頃、盛んに「この国から〝非正規雇用〟という言葉をなくす」と言いはじめています。この原稿を書いているさなかに内閣改造があり、「働き方改革相」を置いて「同一労働同一賃金」を本腰ではじめるようです。

ここで、政府が2016年6月に発表した「ニッポン一億総活躍プラン」で「同一労働同一賃金」について述べたことをあえて再度掲載します。

・どのような待遇差が合理的であるかまたは不合理であるかを事例等で示すガイドラインを策定する
・司法判断の根拠規定を整備する
・事業者の説明義務の要件を整備する
・関連法案を国会に提出する

要するに、企業に〝言い訳〟は通じないようにするということのようです。

筆者は、これを読んだ時、拍手喝采を送ると同時に、〝えっ、本当にやるのか〟と思いました。友人に言わせれば「強権発動」です。でも、ここまでやらなければ〝国民ひとりひとりが生き生きとできない〟、切羽詰まったものが政府にあったのだと思います。これは正しい判断だと思います。

2 経団連の反応

これを受けて、7月、経団連はさっそく「同一労働同一賃金の実現に向けて」[14]を発表しました。要約すると次のことを言っています。

まず、「非正規従業員の総合的な待遇改善を進めることは、国民全体の生活水準の向上や経済の好循環を図るうえで重要である」と前置きし、そのうえで、「わが国の賃金制度は多様であり、職務給を前提とする欧州型同一労働同一賃金（職務内容が同一または同等の労働者に対し同一賃金を支払う原則）の導入は困難である」としています。

少し解説をすると、欧州型同一労働同一賃金は、経団連の注釈にもあるように、職務内容が同一または同等の労働者に対し同一賃金を支払う原則をいいます。つまり性別など個人の意思や努力によって変えることのできない属性等を理由とする賃金差別を禁止しています。一方、日本型同一労働同一賃金というのは、労働基準法第3条で差別的取扱いを禁止していますが、判例が禁止の対象とする理由を限定列挙したために、たとえば学歴、勤続年数、雇用形態などを理由とした個々人の賃金額の差異は適法であると解されるのが現状である、ということのようです。

要するに、政府が言う欧州型「同一労働同一賃金」には反対なのです。そのため、「同一労働等の判断基準を職務内容のみならず様々な要素を含めて総合的に判断する現行法（労働契約法、パート法）の基本的考え方を維持すべきである」と主張しています。おそらく、今後、企業サイドは総人件費の上昇を抑えるために、あらゆる口実と手立てを述べてくるに違いありません。まさか内部留保を切り崩して賃金に回す、労働分配率を上げる、などという殊勝な企業が現れてくることも期待したいところです。

経団連として、言わなければならないことを言ったようです。いよいよ面白くなってきました。だが、できない理由はいくらでも挙げられる。経団連が言う〝非正規従業員の総合的な待遇改善を進めることは重要である〟という前置きを忘れないでほしいと願っています。

3 企業従業員の反応

日経新聞の記事に、「同一労働同一賃金」について企業の会社員1028人（正規社員607人、非正規社員421人）にアンケートした結果が掲載されています[15]。それによると、「賛成」が48％、「反対」が13％、「どちらともいえない」が39％でした。賛成の理由は〝同じ労働なら当たり前〟、〝雇用形態で賃金が違うのは不公平〟、〝派遣社員の働く意欲の向上につながる〟というものです。

しかし、その制度の実現の可否については、「実現しない」が32％で「実現する」の6％を大きく上回りました。

この新聞記事だけでは、詳細は分かりませんが、正規雇用者と非正規雇用者とでは、おそらく意見が大きく違うはずです。また、非正規雇用といっても、1980万人のうち16％にあたる315万人が〝不本意〟で非正規雇用になっているわけで、他の非正規雇用は自らの都合で非正規を選択しているので、この辺の意識の違いは峻別する必要がありそうです。

いずれにしても、会社員の多くは「同一労働同一賃金」には賛成するものの、実現は難しいのではないかとみているようです。

4 大議論が巻き起こることへの期待

おそらく、企業はあの手この手を駆使してくることになると思います。会社員アンケートの結果にみられたように、曰く〝同じ仕事でも年齢や経験年数が違うのでスキルが異なる〟、曰く〝責任の度合いが違う〟など賃金差の合理的説明にやっきになると思います。それはそれで十分に言ったらいいと考えます。十分に議論を出すことが重要だと思います。

慶應義塾大学の鶴光太郎教授は、「契約社員の賃金格差は37％あるが、学歴、年齢、勤続年数、婚姻、子供数、居住地、勤務先産業、職務など〝属性〟を調整すると暫定的な結果ではあるが、残る格差は37％の4分の1程度となり1割を切ることが確認された」[16]と述べています。おそらく、この〝属性〟を切り札にして賃金格差はない、日本型同一労働同一賃金でいいのだと企業は主張してくるものと思われます。

それはそれで結構なことですが、日経新聞の〝大機小機〟に「選挙にみる『幸せな国、日本』」というコラムが掲載されました。著者の主張は次のようでした。「経済がグローバル化すれば途上国の賃金が上がり、先進国の賃金が抑えられる『要素価格均等化の法則』が働く。この過程で先進国では非正規労働者が急増し、所得格差も拡大する。問題は、わが国ではグローバル化への風当たりが強まる気配がない、選挙の争点にもならず国論を二分する対立軸が存在していないことである。」17

その通りだと思います。経済のグローバル化が格差を拡大し非正規雇用を生むなら、イギリスのEU離脱か否かの国民投票のような議論が沸き起こっても不思議ではありません。しかし、わが国の場合、グローバル化に加え固有の古い雇用制度が温存され、これを突破する風土がみられないことも格差を生む大きな要因として横たわっています。

10年前の定年延長の時は、政府の強権発動がダマテンのごとく国民に周知もされず、経済界はなすすべもなく完敗しました。今回は、そうはいかないことを願います。

だから、「同一労働同一賃金」の実施について、大議論が沸き起こることを期待しています。場合によっては、国民投票に持っていってもいいのではないか。ただし、老人の投票権は筆者の友人が言うように0・5票にしないと、若者の意見が潰されてしまいます。

4　安倍首相、まず隗より始めよ

1　行政による格差社会の刷り込みをやめる

若者〝いじめ〟をやめにしないと、この国が駄目になります。しかし、どうも行政が先陣を切って格差社会を吹聴しているようです。

TVを見ていて違和感があります。NHKは事件の被疑者や被害者の肩書きを会社員、パート、アルバイト、契約社員などと表現しています。ことさら差別的に表現する必要があるのか、全く理解できません。なぜ〝会社員〟〝店員〟ではいけないのか。そのような差別的な表現を全く価値判断をもたずに公共放送が行い、日々、格差社会を知らずのうちに国民に刷り込み、助長することは断じて許してはいけないと思います。

おそらく、警察の事件発表がそうなっているのでしょう。あたかも、格差がある人間は犯罪を起こしやすくなるとでもいいたげです。社会がおかしくなっています。

安倍首相の「この国から非正規雇用という言葉をなくす」という言葉は、誠に結構ですが、企業や国民に問う前に、まず行政全般に格差を是認し固定化する風土が蔓延していると思いませんか。なぜ身分を差別的に定義することしか行政にはできないのでしょうか。まず隗より始めてください。

2 非正規公務員の「同一労働同一賃金」から始める

もうひとつ、より重要なことを申し上げます。安倍首相、公務員にどれくらい非正規雇用があるかご存知ですか。わが国の公務員全体は230万人いますが、そのうち40万人が非正規雇用です。率にして17・3%です。国家公務員56万人の12・5%、地方公務員174万人の18・3%が非正規雇用です。非正規雇用はわが国全体では38%もあるので、決して多いわけでもありませんが、それでも数は多いですね。

公立保育所の例をあげます。全国保育協議会の調査[18]によると、全国の公私立保育所で非正規雇用の保育士が働いているのは86%、ほぼすべての保育所にものぼります。そのうち公立保育所では、非正規保育士の割合が54%、2人に1人の割合にのぼり、私立の39%に比べ圧倒的に多くなっています。これは地方自治体が厳しい財政状況から人件費抑制を進めたためとみられています。

公立保育所の正規の保育士はれっきとした地方公務員です。だから、巷間ささやかれているように、年配の正規保育士は市役所のお偉方以上の給料をもらっている。一方、非正規保育士は昇給やボーナスとは無縁である……。

今般、保育士の給料を上げることを政府が決めたようですが、それとは別に、公立保育所の非正規雇用をどう解決するのか。

いやもっと、国と地方をあわせた政府全体の公務員の非正規雇用をどうするのか、腕のみせどころです。

そもそも、安倍首相が「この国から非正規という言葉をなくす」というとき、わが国や地方の中枢である政府に非正規雇用が残存していれば、この話は笑い話としてなかったことになります。

雇用改革について〝1・5稼ぎモデル〟を主張する高橋琢磨氏は、その著書[19]のなかで、「同一労働同一賃金」を達成するためには、まず政府や自治体が率先垂範すべきだと述べています。官公労や自治労と一緒になって、まず隗より始めることに着手することを期待します。

3 政府の「兼業」は可能か

これから導かれることですが、政府の「同一労働同一賃金」のための給与原資はどこから調達するのかという企業と同じ問題につきあたります。財政逼迫の折、公務員の人件費総額を上げるわけにもいかないでしょうから、人事院に10%近い人件費カットでも言ってもらいますか。

ここに、公務員にも「兼業」や「1・5稼ぎモデル」を導入する必然性が生まれてきます。また政府は企業に対して「兼業」の導入を促しているので政府が率先垂範する必要はある、というのも必然性を支えるひとつの理由になります。

公務員の兼業が生まれたら、民間企業と同様に育児や介護がしやすくなる、地方へ専門家の派遣をもっと行える、地域住民へのアウトリーチがしやすくなる、政府と民間の間を行き来する「回転ドア」が生まれる、大学の先生と同じように起業が増える、そしてなによりも公務員の二地域居住がはじまり政府が率先して地方創生に協力できる、などさまざまなことが生まれます。

しかし、公務員の兼業、副業を認めることは本当にできるのか。公務員法の改正や倫理規定の見直しなどどれをとっても難しい問題があるため、実施できるかどうか筆者には判断できません。むしろ、同一労働同一賃金を前提にして、標準タイプ、短日タイプ、兼業タイプ、時短タイプなど〝多様な働き方〟を導入することが現実的であると思われます。

政府自身がこのような方向に向かう努力をしたうえで、より一層の行政のスリム化に取り組むべきです。これまでかけ声だけでなかなか進捗をみなかったこと、例えば定型業務のアウトソーシングや公的施設の公設民営化の推進などを行って、徹底的に人員をスリム化するチャンスとしてこの機会を捉えたらどうかと思う次第です。

5 アノマリーが生む「兼業」社会

1 風が吹けば桶屋が儲かるのか

おっしゃるように、「同一労働同一賃金」の社会制度変革が「兼業」社会を生み、そのことが「二地域居住」を促す、という筆者の想定はあまりにも単純な直線回路、風が吹けば桶屋が儲かる式であることは確かなようです。

そうは問屋がおろすかい、といったところですかね。「同一労働同一賃金」でさえ、先に述べたように、これから国民的大議論を待たなくてはなりません。「兼業」はその先にある選択肢のひとつにすぎません。

けれど、人口オーナス期に入り経済がグローバル化して20年が経過しています。企業経営とは、環境適応業だとよくいわれます。世の中の環境は絶えず変化し、その変化についていける企業のみが生き残れるというものです。これまでの雇用制度が環境に合わなくなってもそのままでいられるのは、不思議のひとつです。

だから「同一労働同一賃金」が動くとすると、確実に雇用制度改革がともなうはずだとみています。雇用制度の一部に手がつきさえすれば、風が吹けば桶屋が儲かる式に「40歳定年」、「兼業」、「1・5稼ぎモデル」など必ず〝多様な働き方モデル〟が生まれ、そこに「二地域居住」が動くことになると思います。

2 アノマリーの爆発が新しい社会を導く

アノマリーという言葉があります。ノーマルでないこと、アブノーマルなこと、イレギュラーなことを指します。社会であたり前と思われてきたことに矛盾や逸脱が生じた場合や、ある法則・理論からみて異常または説明できない事象などを指します。科学の世界では昔、ニュートン力学中心の体系で地球の速度の測定に失敗したときにアノマリーが生じ、後に特殊相対性理論を生むということがありました。

このアノマリーが社会に生まれると、これまであたり前と思ってきた社会制度や科学的法則、ビジネスのやり方などが見直され、新しい社会や科学の地平が生まれると言われています。パラダイムがチェンジするのです。ですから、あるパラダイムから新しいパラダイムへ移行する過程で、アノマリーの過程を経ることになるわけです。

このように考えた時、今がそのアノマリー状態の極限なのではないかと思うのです。自分は60歳や65歳まで会社にいられるんだと思っている中で、ひょっと後ろをみると非正規雇用という一群がいる。終身雇用制度に固執するために、介護休業や育児休暇など絆創膏のようなものがベタベタと貼られていく。これまでの雇用制度が社会の変化についていけなくなっています。

雇用におけるこうしたアノマリーな状態は、今から20年前に発生しました。バブル後遺症で日本全体があえぐなか、阪神淡路大震災などの対応にもたつき1997年の消費税増税をきっかけに日本列島総不況に陥り、そのときから企業は大手を振って雇用リストラを開始し、非正規雇用に走ったのです。

当時は企業倒産が相次ぎ日本全体があえいでいたので、人口オーナス期に突入したことも、アノマリーの発生も気にも止めませんでした。しかしあれから20年、そのいわば緊急事態であったものが大手を振って歩いている。NHK、警察、……アノマリーが増幅し爆発寸前にきています。

企業は、従業員を飼殺しにしてはいけない。少し言い過ぎですか。兼業の時間を使って副業をすることで、これまで以上の収入が得られる可能性があるなら、そうしたチャンスの芽を潰してはならないと思うのです。

だから……といってもあまり辻褄の合った言い方にはならないのですが、「兼業」社会が起こります。

注

1 「地方〝兼居〟の構想」（玉田樹　ぎょうせい「地方財務」2004年7月）
2 「NTT、30代半ば以降の賃下げ計画　再雇用費に充当」（朝日新聞2012年4月22日）
3 「一億総活躍社会における雇用・働き方〟」（野村総合研究所「知的資産創造」2016年7月）
4 「エイジノミクス」（岡本憲之「エイジノミクス研究会試論」2014年12月）
5 「日本成長戦略―40歳定年制」（柳川範之　さくら社　2013年）
6 「3割兼業のすすめ」（玉田樹　野村総合研究所「知的資産創造」2005年3月）
7 「21世紀の格差―こうすれば、日本は甦る」（高橋琢磨　WAVE書房　2015年）
8 注6に同じ
9 「日本経済新聞」2002年11月29日
10 「日本経済新聞」2002年12月24日
11 法曹界の一般的見解。聖パウロ学園事件の最高裁判決（2000年9月28日）、十和田運送事件の東京地裁判決（2001年6月5日）などによる。

12 「企業の農業回帰～雇用の安定をめざして」（ふるさと総研、JTB総研、日本総研　2014年8月）
13 「『同一労働同一賃金』実現は正社員にも無縁ではない」（八代尚宏　DIAMOND online 2016年2月）
14 「同一労働同一賃金の実現に向けて」（経団連　2016年7月19日）
15 「『同一労働同一賃金』会社員に聞く」（日経新聞　2016年8月2日）
16 「パート賃金格差、何が問題か」（鶴光太郎　日経新聞　2016年5月17日）
17 「選挙にみる『幸せな国、日本』」（日経新聞　2016年8月2日）
18 「全国の保育所実態調査報告書」（全国保育協議会　2012年9月）
19 「21世紀の格差―こうすれば、日本は甦る」（高橋琢磨　WAVE書房　2015年）

第5章

「公助」の実践
プロジェクト提案

この章では、地方創生のために政府が行うべき「公助」についての実践的なやり方を「田舎の空き家の市場化」を例にとって示します。地方への移住者や二地域居住者の住まい確保の観点から、「田舎の空き家」を売買や賃貸できるようにするための具体的方策について〝プロジェクト〟として実行することを企画提案したものです。

この企画提案は、政府に実行の働きかけを行ったもので、他には公表していません。その関係で、本書では骨子のみを圧縮して記述します。加えて、この章は意見交換や追記がないことをあらかじめお断りしておきます。

1 緊急提案：「田舎の空き家市場化」社会インフラ形成プロジェクトの実施を！

[1] 住む場がない緊急事態

政府は地方創生戦略において、二地域居住の本格支援、住み替え支援を行うこととし、2020年までに「東京圏から地方へ10万人の人材を還流させる」という方針を打ち出した。

これにともない、田舎で住む場を確保するため「地方が取組む空き家対策に地方財政措置を2015年度創設」などの施策の実施に入っている。

しかし、「空き家対策」を〝地方の裁量〟だけに任せておいて、十分なのか。

「移住したくても住むところがない！」……いま、田舎に住みたいと思う人が増えているにもかかわらず、住む家が見つからないため諦めてしまうケースが地方のあちこちで多発している。悲鳴にも似た声が全国の移住・交流の担当者からあがっている。

地方創生を進めようにも住む場所の確保ができない、いわば緊急事態にある。

② 「公助」発揮の170億円プロジェクト

この緊急提案「『田舎〝空き家〟市場化』社会インフラ形成プロジェクトの実施を！」は、この事態に対し政府が率先して官・民合わせた〝国民運動〟を行い、国を挙げて「総力戦」で解決するための行動を提起するとともに、空き家の市場化をとおして「公助」の発揮の仕方を探るものである。

政府が中心となって全国の市町村および不動産業など民間の力を借りながら、田舎の空き家の市場化（賃貸や売買できるようにすること）を図り、まず住む場の確保策を講じることによって地方移住・二地域居住の促進を加速化することをねらう。

政府はこの官民合わせ国を挙げてのプロジェクトにおよそ170億円の予算の投下を行って、まずは1万件の空き家を市場化させる。そしてこのプロジェクトで構築される空き家市場化の〝社会インフラ〟を活用して、2020年までに5万戸、長期的に50万戸の空き家が市場化されることを目標にする。これにあわせて100万人規模の地方移住を促進する。

市場化した田舎の空き家は単に地方移住の場であることにとどまらず、東京オリンピックに向け増え続ける外国人観光客の民泊の場や6次産業による食材の開発の場になることなどを通して、そこに新しい産業群があわせて3兆円規模で生まれ、投資効果がおよそ150倍超になることを期待する。

政府に空き家市場化を急ぐ提言をしてきたが、一向に動く気配がみられないことから、地域計画研究所、赤沼不動産などの協力を得て具体策を急ぎ提案するものである。

2 提案の背景とプロジェクトのフレームワーク

1 地方創生の隘路〝住む場がない〟の突破

地方移住を進めようにも住む場所の確保ができないいわば緊急事態にある。

だが実際は、住宅・土地統計調査によれば、地方圏で空き家率は14・8％にのぼる。このうち地方の〝使える状態にある一戸建て空き家〟は2008年の118万戸から13年には140万戸を突破し、今後ますます増える状態にある。

しかし、地方の空き家の市場化のためにこれまでさまざまな試みが行われてきたが、地方の空き家バンクの登録は、地域活性化センターの2009年の資料によれば、空き家バンク実施自治体245市町村、登録件数は約2600件、使える空き家のわずか0・2%にすぎない。また、ふるさと総研の調べでは、田舎の空き家を地元不動産業者に預けているのは3%にすぎない[1]。空き家を市場化しようにも、あまりに基盤に乏しいのである。このまま自然の成り行きにまかせたり、〝地方の裁量〟のみに頼っていては市場化を図ることには限界がある。

本プロジェクト提案はこの状況を緊急事態と捉え、政府が全面的にリードして地方の空き家が市場化する戦略を具体的に実行し、そこで構築される「社会インフラ基盤」が〝地方裁量〟の空き家対策に役立つものにすることを目指すものである。

2 急を要する空き家所有者の高齢化への対応

群馬県桐生市にある空き家のうち市外に住んでいるオーナーについて調べたところ、所有者の年齢70歳以上が39%、60歳以上が32%を占め、7割が高齢者であった[2]。

彼らの多くは、「子どもに引き継ぎはしたくない。是非、市が力となってほしい」「空き家管理に出向く回数が激少し、利用価値もなくなるので、市によい方法をお願いしたい」「子どもも成長したので自分は他所に引っ越し、管理をお願いした弟も老い、知人の業者に売却を頼んでいます」「小生も老齢となり生きている間にぜひとも処分しておきたいと考えています」などと考えている。

空き家を子どもの世代に引き継がせたくない、自分の世代でけりをつけたいとする悲痛な気持ちがある。現在のところ、その空き家の所有権は〝本人〟が75％を占めるが、このままにしておけば今後相続などが十分に行われず、権利関係がより複雑化して空き家の処分がますます困難になっていく可能性が高い。

だから、田舎〝空き家〟の市場化を急ぐ必要がある。

3 ターゲットとなる大都市居住者の所有する田舎〝空き家〟

これまで、空き家が市場化しない理由は、「お盆に帰ってくるので」、「仏壇があるので」、「先祖代々の家なので」などとまことしやかに言われていた。

しかし、これは本当なのか。ふるさと総研の調べによれば、田舎の空き家の所有者の58・5％およそ6割は大都市に住んでおり、これらの大都市居住の所有者は地元への〝しがらみ〟が少なく高齢化が進んでいるため、「売りたい」18・2％、「貸したい」14・4％、「寄付したい」5・1％、「改修して売るか貸すかしたい」11・9％、「借り手がつけば改修したい」6・6％で、合計およそ6割の所有者は空き家を売ったり貸したりしたいと考えているのである[3]。

緊急事態に対応するために、まず、田舎の空き家所有者のうち6割の大都市居住者をターゲットにして、その中から市場化したいと考えている6割の人々に対して行動を起こすよう働きかけを行う。

したがって、およそ50万戸（＝140万戸（地方の健全な一戸建て空き家）×6割（大都市居住）×6割（市場化意思））が地方創生の移住者の住まいとして市場に現れてくる環境をつくる。政府は、2020年までに東京圏の人口10万人を地方に還流させるとしているので、この5年間で最低5万戸（2人／世帯と仮定）の空き家が市場化することを具体化することを目標とする。

4 賃貸を中心とした空き家市場化の推進

地方への移住や二地域居住先の住まいとして、〝賃貸〟する空き家を中心として市場化の推進を図ることを想定する。

NPOふるさと回帰支援センターの資料によれば、移住者が希望する住まいの契約形態は、かつては買取り、賃貸が半々であったが、2011年の東日本大震災以降は賃貸が7割を占める状況になっている。つまり、大震災以降、移住者の安全志向が高まり、7割の人が空き家を望み、7割の人が賃貸を望むようになっている。

空き家の所有者の多くは手間のかかる面倒な賃貸よりも売ってしまいたいと願っているが、一方、利用者の多くは賃貸を望んでいる。

したがって、空き家の市場化においては、まず空き家が賃貸物件として登場できるようにすることが必要と考える。

5 住まう場を含めた空き家活用の多面的な展開

空き家の市場化を図るのは、地方への移住者や二地域居住者の後押しをすることが大きな目的であるが、空き家の所有者は住宅以外にも都市的施設の活用を望んでいることに応えることもまたひとつの目的である。

○移住者用の住宅　○二地域居住者向けの住宅　○お試し住宅
○シェアハウス　○民泊　○レストラン
○保育所　○介護施設　○コミュニティ・センター
○企業のオフィス　○起業の場　○企業の農業参入拠点

6 政府が関与した空き家市場化の社会インフラ構築

田舎〝空き家〟の市場化は、民間の力を借りつつ政府や市町村が関与したものとして推進する必要がある。政府が市場化のための社会インフラをまず構築すべきである。

田舎の空き家の所有者の6割は大都市に住んでおり、早く処分したいと願っている。しかし、田舎の地元にしがらみがない分、逆に処分しようにも手掛かりがない。

これを克服する手立てとして、先に示した桐生市の調査によれば、多くの所有者は市行政が何らかの形で関与してくれることを望んでいる。加えて、空き家を賃貸物件とするとなれば、なおさら借り手に対する不安が先立ち、なかなか賃貸へと踏み切れない可能性がある。

そこで、空き家の市場化にとって必要となるのが行政の関与である。政府や市町村が田舎に残してきた空き家の賃貸などの活用に手を貸してくれるのなら、その信頼性を根拠として多くの空き家所有者はその市場化に目を向けてくるにちがいない。

7 目標50万戸、2020年までに5万戸、このプロジェクトで1万戸を市場化

以上のような考えのもとに、本プロジェクトは4つの具体的なプロジェクトで構成する。

プロジェクト1：国民運動―大都市居住の田舎空き家所有者への周知キャンペーン

大都市に住んでいる田舎の空き家所有者に対し、いくつかの方法を総動員して市場化を働きかける国民運動を展開する。

プロジェクト2：官総がかり―空き家情報の収集管理と市場化の体制づくり

市場化の可能性をもつ田舎空き家について、官総がかりでその情報を収集し、市場化のための一時的受け皿を用意する。

プロジェクト3：民の力の活用―田舎空き家の借り手とのマッチング組織づくり

官が用意する一時的受け皿に集まった賃借可能な空き家物件に、民の力を活用して、借り手たる移住者をマッチングさせるための仕組みを構築する。

プロジェクト4：効果を形にする―「田舎空き家産業」成立の促進

プロジェクト1～3で得られる効果を具体化、推計し、ここに生まれる産業群を形あるものにする。

すでに述べたように、大都市に住んでいる田舎の空き家所有者のうち、使える空き家をもって

いて市場化したいと考えているのは50万戸である。

ここでは、田舎空き家市場化の長期的目標を50万戸と置き、2020年までの目標を5万戸とする。

本プロジェクトでは、そのうち1万戸を対象に市場化するための具体的な予算の投下を行う。それによって形作られる田舎空き家市場化のための仕組み〝社会インフラ〟を活用して、その後、5万戸、50万戸が市場に出てくることを期待する、というシナリオを描く。

したがって、プロジェクト1〜3は、50万戸をターゲットとしつつ1万戸を市場化するための予算投下を念頭に置いている。プロジェクト4は、そうした予算投下の結果作られる社会インフラを通して長期的に現れる効果を念頭に置いて、効果を形にするプロジェクトとして組まれている。

3 プロジェクトの構成

1 国民運動──大都市居住の田舎空き家所有者への周知キャンペーン

「プロジェクト（その1）」として、まず、国民運動として、大都市居住の田舎〝空き家〟所有者に市場化の働きかけのキャンペーンを行う。

「（例示）田舎に空き家を残しているあなたへ

市場化（売買、賃貸）へのご協力を。

まず、○○○（内閣府ｏｒ市町村）までご連絡ください」

方法は４つ。

(1) 固定資産納税通知の活用

空家対策特別措置法にうたわれている「空家等の所有者等を把握するために固定資産税情報の内部利用」を具体化する。固定資産税の通知者名簿を活用し、「空き家」所有者に〝独自〟に案内を行うことを全国市町村が〝一斉〟に行う。市町村の発送事務に関わる経費を支援するための予算を確保する。

(2) マスコミを通じた広報

大々的にＴＶ広告、新聞広報を行う。しかるべき期間、しかるべき回数、政府からの広報を行う。上記の広報・広告とは別に、特集番組や記事として取り上げてもらうようにする。固定資産通知では本人が気がつかなければそれでおしまいになるが、このマスコミを通じた広報は、本人の周りの人が気付いてくれることを狙いとしている。空き家活用の国民的風土の土台ができる。

(3)　大都市住民への周知と地元住民からの働きかけ

住民に対して直接訴える方法を３つ実施する。第１は、大都市の市町村の広報紙に、田舎に残してきている空き家についてその市場化の働きかけが行われていることを掲載してもらう。第２は、大都市の田舎の市町村出身者でつくる「ふるさと会」の組織の協力を得て空き家の市場化の働きかけを行う。第３は、一方、田舎の地元地域では、住民を通じて地域を離れている空き家所有者への市場化の働きかけの協力をお願いする。

(4)　広報効果のモニタリング

この広報キャンペーンによって、「田舎空き家の市場化」が人々に認知され、そのことが社会のあたりまえの通念として広く行きわたるようになれば、それは１市町村ではなかなか作ることができない優れた〃社会インフラ〃となる。「田舎空き家の市場化」がどのくらいの国民に行きわたったかについてその効果を計測し、次の広報戦略の手立てを具体化する。

2　官総がかり—空き家情報の収集管理と市場化の体制づくり

「プロジェクト（その２）」として、キャンペーンの結果生まれる市場化の可能性のある空き家について、行政総がかりで、その情報を収集管理するとともに、市場化の方策を具体化する体制づくりを行う。

４つの体制をつくる。

(1) 創生本部に「空き家市場化プロジェクト・チーム」の立上げ

地方創生本部に「空き家市場化プロジェクト・チーム」を立ち上げる。司令塔機能、全国キャンペーンの実施機能、市場化する空き家情報の収集管理機能、市町村との調整機能、大都市不動産業との調整機能の５つを担う。民間企業などの協力を得てプロジェクト全体の統括を行うとともに、進行管理を行う。

(2) 市町村に「空き家相談チーム」を設置

全国市町村に「空き家相談チーム（室、窓口）」を設置する。企画調整機能、市場化する空き家の探索・発掘機能、活用できる空き家情報の管理と所有者との調整機能、「空き家中間管理機構」（後述）との調整機能、移住者・二地域居住者受入れチームとの調整機能の５つを担う。空き家所有者への市場化の働きかけ、市場化する空き家の情報を管理し、所有者の希望を聞いたり相談事を常時受け入れる窓口を用意する。

キャンペーンにともない窓口が混雑する可能性が相当に高いので、実際には地元不動産業界の協力体制の構築を政府は支援する。

(3) 市町村ごとの「空き家中間管理機構」の設立

市町村ごとに官民連携した「空き家中間管理機構」を設立する。空き家の市場化に積極的であるが、一方逆に地元との関係が希薄な分、空き家を処分しようにも信頼に足る〝手掛かり〟に著しく欠ける状況にある空き家を対象に、市町村が関与した信頼ある機構を設立する。空き家の一時的借り受け、借り受け空き家の情報管理と維持・補修、その空き家のサブリース（また貸し）の3つの機能を担う。

徳島県神山町では町とNPOグリーンバレーが協議会を形成して空き家サブリース事業を行っていることを先行例として、「空き家中間管理機構」を市町村、不動産業者、工務店、NPOなど官民で形成し、信頼性のある空き家の一時借り受けの母体とする。

「空き家中間管理機構」は、キャンペーンによって収集される市場化対象空き家の一時借り受けの可否を判断し、所有者と一時的借上げ契約を結び一定の家賃を支払う。借り手が現れ機構のメンバーである不動産業の仲介によるサブリースが行われて初めて借り手による家賃の支払いが始まる。機構は参加する不動産業を通じて、一時借上げ時からサブリース期間を通して所有者の費用負担のもとに空き家の管理を行う。

(4) 「水回り改修」体制の構築

空き家は一般的にそのまま住むことが難しく、とくに〝水回りの改修〟を要する。一時的借上げ物件が、サブリースされやすいかどうかは、この〝水回りの改修〟が行われているかどうかにかかっている。しかし問題は、この改修費用が捻出できるかどうか。賃貸の場合は一般的に家主が改修を行うが、200〜300万円の費用の捻出が難しい状況にある。

そこで、空き家の「低廉な水回り改修モデル」[4]を導入する体制を整える。これは、「借り手がつけば、空き家は改修できる」というモデルで、借り手の家賃を原資として改修費を銀行から借り入れ、家賃で返済するものである。このとき、改修費が300万円にも及べば返済期間が長くなりすぎるので、これを100万円程度（家賃2年半分）に圧縮する工夫が必要になる。そのため、改修にかかわる備品や部材を大量発注することでコストを圧倒的に下げる体制づくりが必要となる。

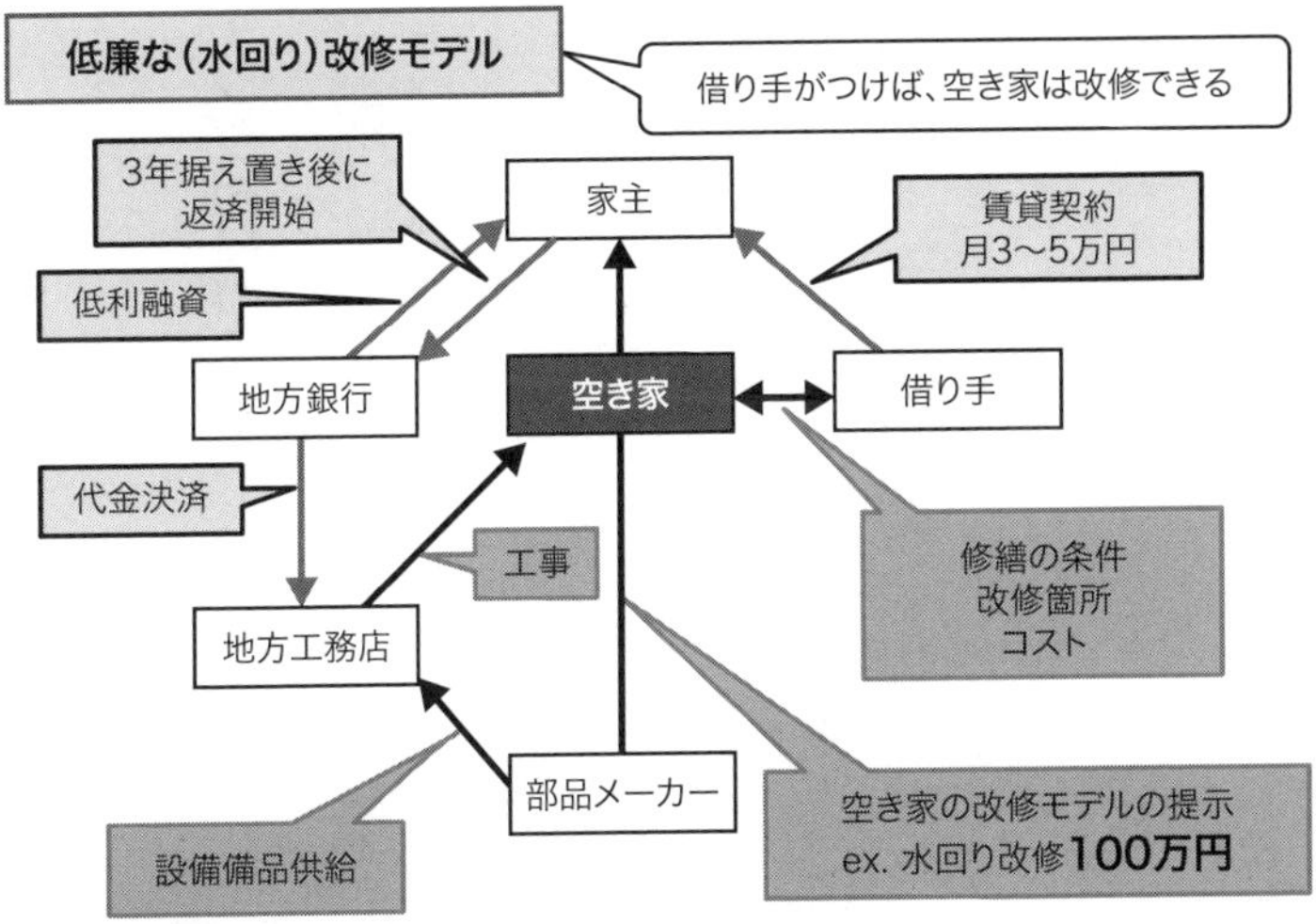

空き家の市場化を図るために、本プロジェクトで、こうした水回り改修モデルを標準化・一般化させることを行う。

3 民の力の活用―田舎空き家の借り手とのマッチング組織づくり

「プロジェクト（その3）」として、地元の空き家中間管理機構が一時的に借り受ける空き家を、民間の力を借りて、具体的な賃貸（や売買）につながるようマッチングさせる組織体制づくりを行う。方法は4つ。

(1) 全国移住ナビによる信頼に足る空き家の情報発信

移住者や二地域居住者が利用可能な空き家の情報を得るために、現状ではどの情報も物件数があまりに少なく、閲覧するのにしのびない。そこで、キャンペーンをもとに集められ、全国の市町村の空き家中間管理機構が一時的に借り受けた空き家の情報を、まず総務省の「全国移住ナビ」に集約する。そして、「レインズ（不動産流通標準情報システム）」に依頼し新設する〝田舎空き家コーナー〟とリンクする体制を整える。

2020年5万戸で1県あたり1000戸、目標50万戸で1県あたり1万戸もの空き家情報を発信することになる。

(2) 拠点を活用した空き家相談体制づくり

移住や二地域居住を検討する人にとって、ネットでの空き家情報に加えより具体的に地域のことを知ることができるようにするため、全国移住促進センター（東京・東京駅前）やNPOふるさと回帰支援センター（東京・有楽町駅前、大阪）などの拠点を集中的に空き家相談が行える場としていく。NPOふるさと回帰支援センターは、全国ほとんどの道府県のブースを開設し相談員が常駐して相談にあたっているため、ここに「全国移住ナビ」のシステムを置くとともに、地元の空き家中間管理機構が保有する空き家の詳細情報等を使って空き家の相談を行う体制を用意する。

(3) 大都市の不動産業の登録・協力体制づくり

田舎の空き家が市場化しない原因のひとつとして、不動産業界の〝民間の知恵〟がほとんど取り入れられていない現状がある。田舎の空き家のわずか3％が地元の不動産屋に預けられているが、そのほとんどは市場化することなく塩漬けにされている。

このプロジェクトでは、この隘路を突破するため、大都市の不動産業が田舎の空き家の市場化のプレーヤーとして登場することを具体化する。大都市で「田舎の空き家」の仲介を取り扱う不動産屋を登録してもらう。このプロジェクトでは、東京圏に30か所、名古屋圏・大阪圏に30か所程度を想定する。

「田舎の空き家」を扱う登録不動産屋は、空き家情報システムを店頭に用意するとともに、〝得意地域〟を決めその地域の「空き家中間管理機構」がもつ詳細情報や、地元不動産屋の預かり物件の具体的な照会体制を構築する。

政府は都会の住民にネットや市町村の広報紙などを通して、登録不動産屋の紹介を大いに行う。こうした体制が整えば、大都市での住まいの近場での移住や二地域居住の住まい確保が検討できることになる。これが、市場化する空き家の流通にとって「社会インフラ」となる。

(4) 登録インセンティブと大都市・田舎の協業体制づくり

もとより、大都市の不動産屋にこのような登録をしてもらうためには、何らかのビジネス上のインセンティブが必要になる。まずは、不動産屋が〝新規事業〟として登録する準備費、〝得意地域〟への視察費や会計処理の変更費、空き家情報とリンクするためのシステム整備費などに補助をする。

さらに、金銭的インセンティブをルール化することを検討したい。通常の賃貸の場合は、賃料の1か月分、田舎空き家では3万円程度の仲介料にしかならないため、これを数倍程度になるよう上乗せインセンティブを検討する必要がある。

本来ならば、宅建業法の独禁法適用除外を解除して、田舎空き家の仲介料については、現在の一律1か月分の仲介料から数か月分受け取れるようにすべきである。

しかし、この変更には時間を要するため、当面、移住者や二地域居住者の移住支援費に数か月分の仲介料上乗せ分を含ませることとし、また貸し手から空き家物件管理料として数か月分の管理費を不動産屋が得られることを明示化する。

このようにして、例えば借り手から仲介料相当として9万円（＝仲介料3万円＋移住支援費6万円）、貸し手から業務委託・管理費として9万円、合計18万円が不動産業者に渡る。そのとき、例えば大都市不動産業者の取り分と田舎不動産屋の取り分を1：2として、大都市不動産業者が6万円、田舎不動産業者が12万円を得られることにする。

このプロジェクトを開始するには、このような仕組みと分配ルールを明確にしておきたい。

4 効果を形にする──3兆円「田舎空き家産業」成立の促進

「プロジェクト（その4）」として、これまで示したプロジェクトを通じて得られる効果を形にする。ここに叢生するさまざまなプレーヤーを糾合して、「田舎空き家産業」というべきものを成立させる基盤をつくりたい。

田舎空き家の市場は広大に拡がっている。これまで示してきた移住者や二地域居住者の住まいを念頭においた〝狭義の空き家市場〟に加え、各種の事業用の〝広義の空き家市場〟が存在する。

このプロジェクトは、田舎の空き家がその建物・敷地規模の広がりに対応して、「住まい」に加え「事業用」として活用することを狙いたい。こうした点で、大都市の不動産業者と田舎の不動産業者が登場してくれなければ、ことは先に進まない。

ここに、「田舎空き家〝産業〟」が生まれることが期待できる。行うことは4つ。

(1) 1兆円の田舎空き家〝住宅産業〟の育成

〝狭義の市場〟にかかわる産業の育成を検討する。

簡単な試算をしてみよう。まず、目標50万戸が2025年までの10年で市場化を達成する、つまり年間5万戸が市場化すると仮定する。また、5万戸のうち賃貸は8割の4万戸、売買が2割の1万戸と想定する。

こうした前提のもとに試算すると、50万戸すべてが市場化する時点での年間の市場規模は、賃貸市場が賃貸料1440億円（家賃36万円／年×40万戸）、仲介料72億円（18万円／件×4万戸）、改修費800億円（200万円×4万戸）、合計およそ2300億円の市場が生まれる。また、売買市場が800億円（800万円×1万戸）となる。これに引越しなど移動にともなう費用250億円を加えると、合計3400億円の市場となる。

さらに、50万戸が田舎での生活を始めるので、これで6000億円の市場が生まれる。合計して、空き家の住宅市場はおよそ年間1兆円となる。

(2) 2兆円規模の空き家〝関連産業〟の発生

〝広義の市場〟にかかわる産業の育成を検討する。

空き家には、一軒家、アパートなどに加え、農地付きの空き家、空き会社保養所、廃校、空き工場、空き倉庫、空き酒蔵などさまざまである。これに対応して、「民泊事業」「レストラン」「保育所」「介護施設」「各種起業の場」など、事業用の〝広義の空き家市場〟が存在し、さまざまな活用の仕方がある。

そのひとつが、外国人旅行者向けの施設としての活用である。2015年に外国人観光客が2000万人に達したことから、政府は、外国人旅行者を2020年に2000万人増の4000万人、2030年に4000万人増の6000万人にする目標を掲げた。現在、外国人の宿泊は三大都市圏を除く地方で27%を占めるので、地方をめぐる外国人観光客は2000万人増に対応して540万人の増加、4000万人増に対応して1080万人が増加することになる。

海外からの旅行者は一人当たり18万円の消費をするので、地方では2020年に約1兆円、2030年には約2兆円の消費の増加が期待できる。

これに対応して、試算すると、2020年までには、民泊事業1万件、レストラン事業1万件、食材開発事業1万件、合計して3万件を超える「事業の場」が必要となり、2030年にはこの倍になると推計される。

本プロジェクトで得られた市場化する田舎空き家の中から、こうした事業を行うにふさわしい物件を適切に仲介することによって、地方での各種事業が立ち上げやすい環境を用意する必要がある。大都市の不動産業の活躍に期待するのはこのためである。

このようにして、2020年東京オリンピックに向けて〝広義の空き家市場〟が活性化し1兆円、2030年に2兆円を超える産業が新たに生まれることが期待される。

(3) 事業費170億円、投資効果150倍、「田舎〝空き家〟産業」協議会の創設

本プロジェクトの全体の事業費は、およそ170億円である。このうち160億円分は市町村が実施を担当し地方交付税で補てんされる。政府が直接担当する部分は10億円である。この投資を行って、「田舎の空き家」が市場化する社会インフラを構築する。

そして〝狭義の空き家産業〟として1兆円、〝広義の空き家産業〟として2兆円程度、合わせて3兆円を超える産業を育てたい。投資効果は約150倍を超える。空き家に関する社会インフラ投資によって地方のGDPを1%押し上げる可能性をもつなら、これに投資しその果実を具体化しない手はない。

この効果を顕在化させるために、本プロジェクトにあわせて、関連する事業者を糾合して「田舎〝空き家〟産業」協議会を組成し、「田舎〝空き家〟花びら型産業」というべきものが隆盛していく基盤をつくる。

(4) 地方移住と空き家市場化のモニタリング

地方移住と空き家の市場化とその効果について、定期的にモニタリングする体制をつくる。例えば毎年1回、10万人規模のネットアンケートなどを行い、移住・二地域居住の実態動向、空き家市場化の状況、産業的利用の動向などを捉え、政策の方向を定める。

こうしたアンケートを実施するなら、「二地域居住」を一般的なライフスタイルとするために、二地域居住先の住まいを何と呼ぶのか〝名前付け〟をする試みもしたらどうか。これが難しい。〝別荘〟と言ってしまえば、それで終わり。〝別宅〟と呼べば、井戸端会議が成立しない。〝セカンド・ハウス〟は横文字だし、ロシアの〝ダーチャ〟では意味がわからない。二地域居住を進めるには、この二地域居住先の住まいの〝名前・呼称〟を決めて国民的視野でその普及を図る必要がある。

4 田舎空き家市場化〝社会インフラ〟の形成は政府の行う「公助」である

本プロジェクトでまずは1万戸の田舎の空き家を市場化することがひとつの目的であるが、より重要な点は、これを通じて田舎の空き家を市場化するための〝社会インフラ〟を形成し、5万戸、50万戸が市場に現れてくることを期待することにある。

市町村は、いままでも固定資産税通知などで大都市オーナーに働きかけることはできる。移住者に対する移住支援金を設け、空き家の改修に補助を与えることもできる。これらは多くの市町村が手掛けてきたことである。

しかし、空き家は未だ市場化していない。何かが足りないのである。自分の市町村だけが頑張ってみたところで、手も足も出ない隘路が横たわっている。

本プロジェクトで意図したことは、〝市町村の裁量〟だけでは解決できない隘路を突破する〝社会インフラ〟を構築することにある。キャンペーンを行うことを通して、「田舎の空き家を市場化する」という社会通念を形成し、このことが当たり前になる社会をつくる。「空き家中間管理機構」という信頼に足る空き家の一時的借り受け機関をすべての市町村に設置するという投資を行って、自律的に機能する基盤を形成する。「大都市の不動産業」を田舎の空き家市場化のプレーヤーとして登場させ、田舎の空き家の流通を活性化させる。そして、空き家を活用する「産業」を育てる。いずれも一市町村の裁量だけではできない〝社会インフラ〟である。

田舎の空き家を市場化するに際して、政府がいう「〝地方〟が取組む空き家対策に財政措置を講ずる」という自助努力に委ねるばかりでは、地方はニッチモサッチモいかない現実を直視して、政府はここで示したような〝社会インフラ〟の構築を急ぐべきである。これがあって初めて地方は空き家の市場化に取り組む道ができる。

こうしたプロジェクトの実施は、政府が行う「公助」である。これを急ぎ行わなければ、地方創生は夢に終わるだろう。周到に準備をして迅速に行動に移ることを願う。

注

1 「提言　地方の空き家の活用に向けて～ 桐生市『空き家の市外オーナー・アンケート調査』より」㈱ふるさと総研　2014年9月)
http://www.furusatosouken.com/140902akiya_activate.pdf

2 注1に同じ

3 注1に同じ

4 国交省平成22年度事業「地方の空き家改修のプロトタイプ構築と流通促進事業」報告書（NPOふるさと回帰支援センター、㈱ふるさと総研　2011年）
http://www.furusatosouken.com/0529akiya.pdf

終章

地方創生と「公助」

終章では、提言「地方再生『三本の矢』」の結語について述べます。その後、意見交換にもとづく追記を述べることにします。

1 提言：結語——地方の再生産力の復活に向けて

① 相互にからみあう地方再生「三本の矢」

大学を卒業した若者が、廃村寸前の村に入り込んで共同体を興こしはじめる。大学を卒業したばかりの若い女性が銃刀法の許可を得て、マタギとレストラン関連事業をはじめる。東日本大震災のボランティア支援をしていた若者がそのまま居ついて、地域事業をはじめる。こういった例は枚挙にいとまがない。こうした事例を増やすために、第3の矢で示した「兼業と二地域居住のライフスタイル改革」が重要となる。

しかし、若いうちは村全体で保育をしてくれるので、子どもを生みやすい。問題は、子どもが成長して上の学校に行き始める頃になると、親は学資を稼ぐために都会に戻ってしまうケースが多いことだ。ここから示唆されることは、第1の矢の「復元力のバネとして地方交付税の再設計」によって、地方が独自に学費の無償化など子育ての政策が打てる体制をもつことが必要なことである。

また一方、農業だけでは稼げないため、第2の矢の「ふるさと起業誘致条例の制定」などによって、より付加価値の高い6次産業の起業に移住者を誘導することが必要となる。

このように、3つの提案が「地方再生・三本の矢」として一体となってはじめて地方再生が可能になる。

2 総力戦で「公助」の発揮を

実施にあたっては、総力戦で臨んでほしい。ここで提案したことにとどまらず、地域再生策を決定し実施するにあたっては、次の観点で臨むべきである。

① 本提言を含め、あらゆる策の可能性を検討すべきである。その検討に際しては、「その策ができない理由を探すな、その策を実行するにはどうしたらいいかを考える」、という姿勢で臨んでほしい。

② 「再生策の小出し、逐次投入はやめよ。思い切った決断と大規模すみやかな実行が地方復権に効果をもたらす」、という観点で臨んでほしい。

③ 「政府は、地方の頑張りを期待するだけに逃げるな。地方創生を可能とする社会インフラの形成という『公助』の達成に邁進する」ことに責任をもってほしい。

〝都市機能の地方移転〟、それは是非進めてほしい。しかし、その効用がいま地方が本当に困っていることにマッチしているか定かでないなら、考え方、パラダイムを変えて〝人の誘致・創発〟

にかかわる政策にチャレンジしなくてはならない。そのため、政府そのものが抱えているこれまでの地方支援策そのものにメスを入れる必要が出てくる。既存の社会の仕組みが岩盤規制になり始めているなら、それを突破するしかない。これが「公助」である。

地方交付税制度や企業誘致条例は、21世紀にふさわしく改革されなくては、地方の存続は危うい。政府がもっとも嫌うできあがった制度の改革である。おそらく、改革できない理由はあまた挙げられるであろう。しかし、中枢都市や中心都市ではなく、消滅が予言されている地域の復活のために、なすべき手は何かを総力をあげて考えたい。

〝できない理由を探すな〟、〝逐次投入はやめよ〟、そして〝総力戦で臨め〟という点は、実は、東日本大震災の復興提言の際に政府に申し入れたことだが、しかし時の政府はこれを実行しなかった。そのため、復興がもたついてしまったのは周知のとおりである。

現政権は、この轍を踏まないでほしいと願う。

2 総力戦に向けて

20年ぶりにようやく地方再生に光があたりはじめました。わが国を支えていた地方が壊滅するまえに、このことに気がついたのは幸いです。

しかし、この20年間に失ったものがあまりに大きいため、地方は本当に再生できるのか確かではありません。が、国を挙げてやると決めたからには、総力戦でやるしかありません。

1 東日本大震災復興における轍を踏むな

総力戦、これは東日本大震災のとき、その復旧・復興に総力戦で臨まなければならなかったこととと同じです。先に「総力戦で臨めという点は、実は、東日本大震災の復興提言の際に政府に申し入れたことだが[1]、しかし時の政府はこれを実行しなかった。そのため、復興がもたついてしまったのは周知のとおりである」と述べました。

このことは、本書の中ですでに触れました。この意味を理解していただくために、東日本大震災当時（2011年3月）、友人からいただいた意見をあえて紹介します。

「現在の我が国の不幸は、司令塔が見えないのではなくて、司令官がいないということではないでしょうか？『政治主導』と称する『政治家主導』で、動員すべき役所を委縮させ、状況把握も方針策定も内輪の政治家だけでやろうとする体質、この非常事態にマニフェストに固執する内向きの思考、東電に乗り込んで叱り飛ばすというパフォーマンスが政治主導だという思い上がり、与野党を結集する政治力の不足……全くやりきれない思いです。最も必要とする時にリーダーがいないという不幸！　国家国民、世にある全ての組織的人的資源を動員する覚悟があるとは思えません。UR都市機構を使うと焼け太りになる、等と言っているようでは話になりません」

UR都市機構、これだけ技術とパワーをもっている集団がなぜ震災復興に使われなかったのか。遡ること1年前の2010年4月、時の政権は、かの魔女狩りのような〝事業仕分け〟（行政刷新会議）でUR都市機構の「事業規模を縮減」することを決めました。だから、震災復興という総力戦が求められようがどうあれ、仕事を与えて〝焼け太り〟になることを懸念したのです。何かがおかしかったですね。

大震災の1か月後に被災地である南三陸町を訪問すると、公民館が避難者で溢れ返っていたため、その避難所の上の高台に第2公民館を作っていました。区長が先導して〝自分たち〟で整地し、支援者から材木を得て地元出身の大工さんの力を借りて完成間際でしたが、当時そこには国のパワーがみえませんでした。

UR都市機構の名誉のために言っておきますと、その後にお呼びがかかり、被災地域の測量や土木工事などで大いに力を発揮しました。当然のことです。

2 地方創生を総力戦にするために

(1) 地方創生に必要な「求心力」

……と、拳を振り上げたものの、地方創生が総力戦になっているのか、よくわかりません。「地方創生、あれは君、単なる選挙対策だよ」という国会議員もいますし、コンサルが嫌いな政府関係者もいます。また、15年も前から都会の人のふるさと回帰を促す事業を継続しているNPOふるさと回帰支援センターが、今般の地方創生の主体として総力戦にきちんと組み込まれていてないないのも気になります。まるでUR都市機構のような扱いです。政府はこのNPOに張り合って似た拠点をことさら東京につくるのではなく、このNPOの力を借りて大都市圏の県庁所在地に拠点をつくるべきです。

いろいろな意見があるのは当然ですが、まずは民間を含め関係者を総力戦に巻き込むことが必要だと感じています。

そのために、政府が一丸となり民間の活力を引き出すための「求心力」をもつ必要があります。

政府は平成28年度地方創生関連予算として、地方に対し2つの予算を用意しました。地方創生の創意工夫に対して地方に配る〝新型交付金〟1000億円、地方財政計画83兆円の1％程度の地方交付税を上乗せする〝まち・ひと・しごと創生事業費〟1兆円の2つです。しかし、政府はあいかわらず、〝地方の創意工夫〟に依存しているようで、ここには「求心力」がどう働くのかよくみえません。

また、政府は総合戦略を踏まえた各省庁の個別施策6500億円を計上しました。地方創生基本方針で示す3つ、仕事をつくる、人の流れをつくる、結婚・子育ての希望をかなえる、という〝分野〟に対応して、各省庁が合計211本の自前の事業などを挙げてきたものです。

地方創生本部は、いま、司令塔の役割を確立することを通して、地方創生を総力戦にもっていくことを追求すべきです。そのためには、地方創生に関して「求心力」がもてるメッセージを明確にすることが必要だと考えます。

⑵ 総力戦に向けた「プロジェクト方式」の導入

そのひとつの方法として、地方創生を総力戦にするために、地方創生の〝具体的課題〟を明示したらどうでしょう。例えば「出生率1・8実現」、「地方の雇用創出30万人」、「地方への人の流れ10万人」などを具体的な課題として全面に示し、旗を振る。これでは課題として大きすぎるなら、もう少し細分化した課題を設定する。

これによって、各省庁、各地方が共通した解決すべき課題を共有できます。今般の地方創生で何がやりたいのか、明確な「メッセージ」となります。総力戦の第一歩は、全員で取り組めるこうした具体的な解決すべき課題を明確にすることだと思います。

この解決すべき課題は、単体の事業の単なる寄せ集めでは解決できませんし、単年度だけで解決するのは困難です。そこで課題の解決を意図した「プロジェクト方式」を導入すべきと考えます。

〝プロジェクト〟という言葉を最近聞かなくなりました。プロジェクトといえば、数年はかかる各種の土木的な開発行為によく使われた言葉なので忌み嫌われている節がありますが、これは〝特定の社会問題を総合的に解決していく〟ときにも使われる概念です。

このプロジェクト方式を導入して各省庁、各市町村に具体的課題解決の目標の共有化を図り、そのことで求心力を高め、総力戦にもっていく。

課題を総合的に解決するために、地方や各省庁の「単体事業」群と、政府が用意する「公助」群をある戦略的なシナリオのもとに立体的に組み立て、実施を図ります。このプロジェクト方式が採用されると、単年度予算に縛られずに複数年にわたって特定の問題解決に総合的に取り組める、場合によっては10年がかりかもしれません。さらに複数の省庁、市町村、民間などの主体が一緒になって取り組むという構図ができあがります。これが「求心力」を高め総力戦の雰囲気を盛り上げるひとつの方法になります。

プロジェクト方式の導入は優れた「公助」にあたります。例を3つ挙げます。

3 「プロジェクト方式」を具体化する

⑴ 空き家市場化プロジェクト

ひとつが、先に第5章で示した〝緊急提案:「田舎の空き家市場化」社会インフラ形成プロジェクトの実施を!〟です。地方に人を移動させるにしても住む場がないという、地方創生にとってとてつもなく大きな課題を解決するプロジェクトです。

このプロジェクトで見積もられる170億円は、年度予算に縛られず数年にわたって目的を完遂するまで行われるものです。また、地方創生本部だけでは事が進まないので、国土交通省や総務省など多くの省庁が参加し、さらに市町村が割増される地方交付税を使って参加する、加えて不動産業界など多数の事業主体が一堂に会して空き家の市場化を行うものです。

このプロジェクトが動き出せば、徳島県神山町は「空き家中間管理機構」のモデルが採用されることで、ビジネスモデル特許の使用料1億円を受け取ることになるでしょう。

政府は急ぎこの「空き家プロジェクト」を開始すべきです。移住や二地域居住の最大の隘路となっている課題「空き家の市場化」に取り組み、地方創生を早く総力戦に持っていくべきです。これが「公助」です。

(2) 地方企業の人材調達プロジェクト

2つ目は、例えば「地方企業の人材調達プロジェクト」を立ち上げることを検討することも考えられます。すでに述べたように、地方の企業ではおよそ数十万人規模で従業者が足りない状況にあります。この課題の解決を図るプロジェクトを実施する。

政府はこの点に関して、〝地方での雇用30万人増〟をうたっており、都会の「プロフェッショナル人材」を誘導するなど重要な施策をあげています。しかし、30万人では課題として大きすぎるので、これの一部分、〝地方企業の雇用の問題〟に絞ってプロジェクト化する。

地方企業の人材不足は、プロフェッショナルな専門人材に加え、一般社員、新卒など多岐にわたっていることから、「地方企業のセグメント化された求人情報の整備」をして、プロフェッショナル人材にかぎらず「大都市大学の地方就職説明会」、「奨学米つき奨学金制度」、「移住支援金」などあらゆる施策を糾合し、社会実験を含んだ総合的なプロジェクトとして実施していくことが考えられます。

⑶　中山間地活性化プロジェクト

3つ目は、例えば「中山間地活性化10年プロジェクト」を立ち上げる。〝川向う〟が生き延び、活性化することを目的とした〝総合的〟なプロジェクトを構想するのです。

今般、政府は中山間地の対策として「小さな拠点」や「ローカルマネジメント法人」、「地域おこし協力隊」などを挙げていますが、こうした事業が単体で行われていては効果は限定的になります。これに本書で述べた「ふるさと起業誘致条例」や「ミニ農地中間管理機構」、「空き家の市場化」、「RFBP（企業人のためのリトリート・フィールド）」、「FCC（ふるさと協力支援隊・後述）」などあらゆる制度、事業、手立てを投入することを想定します。

加えて、このプロジェクトの実施主体として政府関係省庁、市町村、シルバー人材センター、梁山泊、地域集落、さらに農村文明創生日本塾などが参加して、たったひとつの目標〝中山間地活性化〟に向けた活動をプログラムとして具体化します。

これを10年間やる。そのために、KPIやPDCAが登場します。〝中山間地活性化〟をどう計測するか、それがどれだけ達成されたかを進行管理する。KPIとしては、定住人口の維持がどれだけ進んだかや起業数がどれだけ増えたか、さらには地域住民の満足度がKPIになるかもしれません。そしてPDCAでプロジェクトの進め方の軌道修正をする。場合によっては今後の予算の増額を図るのです。

こうしたプロジェクト方式を導入して、地方創生を総力戦に持っていくべきです。

3 政府「公助」による地方創生の社会インフラづくり

1 「共助」、「自助」依存では政府はサボる

さて、ここで改めて、「公助」について考えてみたいと思います。

日経新聞の大機小機コラム「国にはパラダイムシフトを求めたい」[2]において、国からの支援を「公助」と定義したとして、「公助」はいずれ限界が来る、いずれは自分で自分を守る「自助」、そして近隣で助け合う「共助」が中心となってくる。国が取り組むべき地方創生の目的は主体性と責任ある自立した地域と住民を育てることにある、と指摘しています。

この、地方創生は共助・自助を中心に、の意見は非常に重要な指摘だと思います。国が経済成長をして「豊かさ」を実現させる過程では、「公助」が社会システムでは重要でした。しかし、いま国民の価値観は「よりよく生きる」にシフトしています[3]。これまでの親方日の丸、国への〝おんぶにだっこ〟ではなく、自らを処す。地域で犯罪が増えた時の対応策は、警察に頼るよりも「共助」で地域防犯をすることが優先順位をあげる時代となりました。

しかし、「公助」をいきなり放棄されてはかなわないと思っています。東日本大震災から4か月後に出された民間の「復興構想会議・提言」では、「共助」「自助」を隠れ蓑にして「公助」は

ほとんど放棄されてしまいました。時の政府としては初めてに近い復興の全体像を示す提言でしたが、既存政策の寄せ集めに終始し、「公助」をどこまでやってくれるのかが全く不明であったために、現地ではいまだに〝どこに住むか〟さえ決まっていないところがあります。

当時、「原則、浸水地域を国有化ないし共有地化する」ということを政府は何故言わなかったのでしょうか。津波によって浸水した宅地は1万ha、被災前のその土地評価額は3兆円と筆者は見積もりましたが、国民の寄付資金によって共有地化することも期待できる環境下にあって、浸水地域の国有化をなぜ検討すらしなかったのか。筆者はこのことに対する緊急の意見書[4]を出し、民主党や復興構想会議委員との意見交換の機会をえたので異議を申し立てたことがあります。「原則」だから、地元の判断でそれに従うか、あるいは逆にそれを採用しない、でもかまわないのです。これが「共助」「自助」です。しかし、こうした〝原則の「公助」〟が示されることがなくて、「共助」「自助」などは存在しません。

今般の地方再生では、もちろん地方の「共助」「自助」が必要ですが、その前に、政府が「公助」をどこまでやってくれるかを示さなくてはなりません。1987年の四全総が「地域の整備は地域自らの創意と工夫を機軸として推進する」と言って、「これは国の役割を放棄した全総法違反ではないか」の轍を再び踏んではいけません。ですから、「共助」「自助」をいまから声高に言うと、政府はきっとサボります。

……というのが筆者のいまのことところの意見です。

2 国の〝事業〟の制度化を通した「公助」づくり

地方創生は、国による「公助」がなければ進みません。地方が自らの内発的努力によって人口・経済を復元できるメカニズム（構造、仕組み）を装着しなければ、この国はもたないのです。このメカニズムを作るのが政府の役割だということです。〝地方自治体の主体性〟を強調することは必要なことですが、残念ながら地方はそれを実行する術をもっていません。

地方創生は、政府がこれまで行っている〝事業〟に地方の意欲をあてはめる手法が想定されているようですが、果たしてそれでいいのかどうか。

今般、改めて感ずることは、政府は地方の支援について、国の〝事業〟を企画立案、予算化し、それを市町村や民間にやってもらうことがきわめて多く、それが当たり前のことだと思われていることです。本書で再三登場する内閣府の「地域社会雇用創造事業」や、総務省の「地域おこし協力隊事業」などもそうした事業のひとつです。

政府がやることとしてあたりまえのことですが、年度予算に縛られているため〝魔女狩り〟に遭うと「地域社会雇用創造事業」のようにひとたまりもなく消え失せてしまいます。また、ある事業が人気がなく実施する市町村が現れなくなると、ＰＤＣＡの網に引っ掛かってお蔵入りになります。逆に総務省の「地域おこし協力隊事業」は人気のある事業として、農水省の「田舎で働き隊事業」と一体のものになり拡大していますが、〝事業〟であるがゆえにいつ予算が削られ消減してしまうかわかりません。

筆者は、「地域社会雇用創造事業」や「地域おこし協力隊事業」は、立派な事業として地方創生のために政治のきまぐれや予算の制約による影響を受けないものとして〝恒久化〟すべきと考えています。

ここで、地方を支援するための政府が行っているこうした〝事業〟と「公助」の関係から「公助」をかたちづくる方法を、３つ例示したいと思います。

⑴ 〝地域創業支援事業〟などを「ふるさと起業誘致条例」に制度化する

すでに廃止されてしまった「地域社会雇用創造事業」は、この考え方と仕組みを「ふるさと起業誘致条例」に変えることよって恒久化し、市町村の裁量で起業家を募集できるものにする。〝事業〟ではなく〝制度化〟すべきです。これが「公助」です。

しかし一方、経済産業省は、以前から「地域創業支援事業」を行っています。これは、地域における起業・創業を促進するため、新商品・サービスを提供する創業者の創業費用を上限200万円補助するものです。この予算は平成28年度概算要求では19億円でしたが、実際についた予算は8・5億円で前年より3・5億円も減っています。

創業者1人当たり200万円で、予算が8・5億円。500人にも満たない規模です。なかには大都市からの応募者もいるでしょうから、地方にまわるのは半分としても250人。これで地方創生が成り立つのかよく分かりません。

筆者はかねてより経済産業省に対して「ふるさと起業誘致条例」を導入してほしいと考えていますが、同省の動きが鈍いのは同省がすでにこの「地域創業支援事業」をもっているからだと見ています。同省の幹部曰く「開業資金については現在経済産業省が行っている『地域創業支援事業』や、地方が始めている起業家募集などで対応できるのではないか」。しかし、この事業も予算が削られていることをみると、将来は分かりません。

だから、この「地域創業支援事業」のみに固執するのではなく、すみやかに「ふるさと起業誘致条例」に転換すべきです。地方創生は、経済産業省が先陣を切って取り組む、という気魄をみせてくれないと、地方は必ず沈没します。

このことは、市町村についても言えます。わが市は起業を支援する〝事業〟をもっているので〝条例〟まではいらないというのは、市長が変わったらその事業がなくなってもいいと是認しているようなものです。

しかし、地方における個人の起業の支援がなくなっていいはずはありません。だから、あらゆる起業にかかわる〝事業〟を糾合して早く発展的に「ふるさと起業誘致条例」の制度にもっていく必要があると考えます。

⑵ 〝地域おこし協力隊事業〟を「FCC法」に制度化する

「地域おこし協力隊事業」は優れた事業ですが、〝事業〟であるがゆえに予算の制約で派遣人数が限られる、市町村の支出は後年度地方交付税で補てんされる、などの制約があります。

これを、おそらくこの事業の発想の原点となったと思われる米国の「CCC」にならい制度化したらどうでしょう。CCCはCivil Conservation Corpsの略で、市民保全部隊といいます。1933年に米国ニューディール政策の一環として行われ、大都市の失業者などを中心に数百万人がこのCCCに参加し、米国の地方の土木工事や自然公園の基盤などはこれでできたといわれています。隊員は事前に研修教育を受け、最低賃金程度で1〜3年間派遣されるものでした。

今般の地方創生に向け、「ふるさと協力支援隊（FCC：Furusato Conservation Corps）」制度を創設する[5]。FCCを万人規模で組成し、地方においてしかるべき地方創生の役割を担ってもらうのです。これを「FCC法」というべきものに法制化し、政府は「地域おこし協力隊事業」と同様に隊員の募集と事前研修を行い、地方が自らの資金で隊員にきてもらう。地方交付税に財源復元機能をもたせることによって、「子ども逸失数」評価でえられる地方交付税増額分を使って、市町村が独自に「地域おこし協力隊事業」相当の人を都会からきてもらい、1人当たり年間200万円補助する。

こうすることによって国の予算規模の制約やまさかの事態から、事業そのものは恒久化する立場をもてることになります。これが「公助」の仕組みです。

(3) 〝新型交付金や地方財政計画上乗せ〟を「財源復元機能」に制度化する

政府は平成28年度予算で、新型交付金1000億円、地方交付税の上乗せ1兆円を予算化しました。新型交付金は毎年、予算要求をして獲得していますが、地方交付税の上乗せは5年間継続するとしています。

問題は、5年過ぎたらどうなるのかです。国の財政事情で将来削られるか、なくなるかもしれない。地方は心配でならないでしょうね。これを恒久化する仕組みが、地方交付税に「財源復元機能」をもたせることです。これが数兆円規模で行われれば、毎年の財務省との折衝や陳情でハラハラすることがなくなり、地方は思い切って地方創生に取り組めることになります。

政府は、現行の新型交付金や地方財政計画上乗せは、近い将来「財源復元機能」に置き換わっていくことを地方に明示し、その時期を模索すべきです。

3 政府は制度化への努力と〝モデル事業〟からの脱皮を

(1) 政府は各種事業を制度化する努力を

政府の行う地方にかかわる〝事業や財源〟は、それはそれで地方を支援する立派な「公助」かもしれませんが、筆者にいわせれば〝公助の卵〟にすぎません。その年間予算で縛られる〝事業や財源〟を、政府の手から解放し地方が自ら取り組めるものとして、恒久的な仕組みへと転換することが「公助」を作るひとつの方法になります。

先に3つの事業・財源を取り上げましたが、国が地方を支援するほかの〝事業〟もどうしたら「公助」への転換が図れるか、検討をすすめてもらいたい。政府が地方をコントロールできなくなるなんて言わずに、地方が自由に使える共通の制度的基盤をつくり、地方から本当に感謝されることに邁進してほしい。事業予算が毎年取れることに胡坐をかかずに、改めて立法化を焦点にする工夫を開始すべきです。

(2) 政府は〝モデル事業〟の錯覚からの脱皮を

このように考えてくると、政府は地方支援にかかわる〝モデル事業〟という錯覚から離れるべきことを言っておかなくてはなりません。

かつては、わが国の産業を育成するため、産業合理化法などさまざまな立法化を通して特定産業の育成を開始した時代がありました。一方、地方を守り発展させるため工場三法や企業立地促進法などができて地方の育成が図られました。

しかし1987年に策定された四全総が「地域の整備は地域自らの創意と工夫を機軸として推進する」と言ったあたりから、様子がおかしくなりました。すでに述べたことですが、国は〝モデル事業〟に傾斜しはじめました。地方のアイデアを国が吸い上げて、それを国の〝モデル事業〟として全国にばら撒くことが行われるようになったのです。

今、国に何かの提案をしても、「前例はありますか、モデルになるものはありますか、海外ではどうですか」とほとんどの場合に聞かれます。政府のこうした前例主義の態度は、江戸時代からあったと言われていますが、１９９０年以降、ますますひどくなっていったように思います。

だから、地方のアイデアやモデルが枯渇しはじめると、国は「特区」に走っています。特区を指定して、そこでアイデアがでることを期待し始めたのです。政府は、あたかも「特区」をつくることで政策が成り立ったと錯覚したのでしょう。特区で一部規制を緩めその成果を待つことが本来の目的でしたが、何でもありのトライアルを特区に期待するようになっています。これは錯覚です。

筆者は、これは国の役割の放棄ではないかと思うのです。国は、国のための社会の仕組みをよりよく整えていくことが役割だと考えますが、どうもこれが顧みられず、〝モデル事業〟、さらに悪いことにモデル発見の〝特区〟ばかり目が向いているとしか思えません。錯覚が蔓延し、錯覚に汚染されているようです。

むしろ、国はモデル事業が地方から生まれやすくするため、地方の〝独自財源〟を確保し、〝ビジネスモデル特許〟という仕組みを用意する責任があると思うのです。だから、誤解を怖れずにいえば、国はモデル事業などを企画立案するよりも、それをいちはやく恒久化し法制化したり、地方のモデルとも思える事業にビジネスモデル特許を与えることに奔走することが重要であるという風土に変えることが必要だと考えます。

4 国民的な〝運動〟にもっていくべき地方創生

地方創生が遅々としています。このままでは、その灯が消えてしまうのではないかと思い、〝逆転の一打〟を放つつもりで本書を書いてきました。

地方創生の灯を再び燃え上がらせるためには、政府や市町村の頑張りはもとより、地方や大都市の住民や企業がその気になって起こす行動が盛り上がる環境づくりが不可欠です。

そのため、地方交付税に「財源復元機能」をもたせ、出生率の向上や逸失子ども数の奪還を市町村が住民と一体となって取り組んでいく。「ふるさと起業誘致条例」をもつことによって、住民や移住者の起業の盛り上がりを誘導する。大都市住民の兼業による「働き方のライフスタイル改革」によって、轟々たる地方への移住や二地域居住を促す。「公助」改革の目的は、こうした国民的な運動の下地をつくることです。

こうした「公助」の改革に加え、地方創生に求心力を持たせるために、「プロジェクト方式」を採用し、多くの市町村、企業、住民を巻き込んで国民的な運動として具体的な課題の解決に取り組んでいく。

地方創生は、国民的な〝運動〟にしなければ、成り立ちません。地方創生本部は、このことに意を配して今後取り組むことを期待します。

5 本書を終わるにあたって

1 国、そして地方のみなさんへ

そうした点で、政治の役割はきわめて重大です。地方の将来のために必要な〝仕組み〟を立法化することに奔走してほしい。どうしたらわが県を活性化させるか、そのためには国の〝事業〟をわが県にもってくることに鼻を高くするのではなく、わが県も自由に使える共通の制度的基盤は何かについて、本気で考えていただきたい。地方創生に関して超党派の議員連盟をつくり、政治のリーダーシップを発揮していただく時です。

そして、地方創生本部をはじめ国は、地方が自助努力によって復元・再生できるメカニズムとして、〝地方再生インフラ（共通基盤）〟の制度化・立法化の〝種〟をどしどし仕込んでいただきたい。また、「プロジェクト方式」で進める、ということも検討ください。これを行うには、その全体を統括することができる能力を必要とします。いまの政府の人にはなじみが薄く、とまどうところが多いと思いますが、そこは総力戦、プロジェクトにたけた民間の知恵を入れたらいいことです。

本書は、本当は、地方のみなさんに対してメッセージを送るつもりで書いてきました。地方が復活するためには、20世紀型の政策ではなく、新しい地方政策のパラダイムを必要とします。だから、地方創生に関して〝国〟の役割について述べてきましたが、地方はもっと国がやるべきことに「声」をあげていただきたい。地方は、自分だけで頑張っても駄目なことは、さっさと政府に言うべきです。自分の頑張りが形になるために〝隘路〟となっているものは何か。その隘路を取り除くことが政府の役割なのだから。

2 本書は「異次元なパラダイム変革」の本だったたか

この本を途中で床に叩きつけずに、ようこそここまでお読みいただき、ありがとうございました。

本書は「異次元なパラダイム変革」提言の本だったでしょうか。「地方交付税に財源復元機能をもたせる改革」は財政学者にいわせると〝とんでもない〟ということになるでしょう。地方政策に「ビジネスモデル特許」を付与するなんて考えられるわけがない。「ふるさと起業誘致条例」はまだしも〝アンダーグラウンド経済〟などとは噴飯ものにちがいありません。「兼業」なんて、いったい何を考えているのだと一喝されそうです。「第2住民票」、馬鹿も休み休み言え。「田舎空き家の市場化」の社会インフラ形成に170億円も使うとはなにごとだ。「政府はモデル事業の錯覚からの脱皮を」そんなことできるわけがない。等々……あなたは、いかがでしたか。

本書は、結構まじめなつもりで自称「異次元の改革」を提言しています。20世紀の地方政策のパラダイムを変革し、こうした社会を作らないと地方はもちません。ですが、まじめに考えれば考えるほど、やらなければならないことがあまりにも多く、政府の〝モデル事業〟錯覚のパラダイム改革までやらなければならないとなると、気が遠くなります。

政府に蔓延したこの錯覚を突破するには、繰り返しになりますが、地方創生本部が地方創生の政策において〝事業〟の羅列はやらないこと、むしろ地方創生のための「公助」群だけを思いっきり描くこと、「プロジェクト方式」で臨むこと、これらを率先垂範することがひとつの道かもしれません。

本書は筆者ひとりの強い思い込みによって〝犬の遠吠え〟として書かれているので、各所の記述に事実関係や状況判断に誤りがないとはいえません。もしそういうところがあったら、この場を借りてお詫びをいたします。

③ 何匹かのドジョウへの期待

過日、内閣府の規制改革推進室に呼ばれたので、「地方再生・三本の矢」にかかわる規制について意見交換をしました。後日、担当者から「宅建業法における仲介料の上限に弾力を持たせる件について、検討を進めており、同様のご要望をお持ちの方がいれば、ぜひお話をうかがいたいと考えております」という連絡を受けました。この宅建業法の規制改革というのは、この本ですでに紹介していますが、全国一律の建物売買の仲介料率３％、賃貸仲介料率１か月分では地方の不動産業者が空き家の市場化に力を貸せない実態があるので、これを改革しようというものです。

筆者の提案は、宅建業法で仲介料率が一律なのは、宅建業法が独占禁止法の〝適用除外〟を受けているためで、この適用除外を外す、つまり独占禁止法を適用して地方の仲介料率を上げられるようにしてほしいというものです。

筆者のこの意見に賛同して、規制改革推進室に行って議論してくれる人を探しました。知り合いの不動産業協会の方などにお願いしましたが、本人はオーケーでも回りから潰され、結局知り合いの人に行ってもらいました。

「宅建業法の仲介料率一律基準は独禁法違反だ」という筆者の提言は、かつて政府から「どうか、パンドラの箱を開けないでくれ」と言われていたものですから、業界関係者がしり込みするのも当たり前です。まさに、賛同者が見えない〝犬の遠吠え〟なのでしょうね。

「異次元の改革」提言なのです。しかし、「異次元の改革」に政府がいくらかでも感度をもってくれたとき、筆者一人ではなく、何匹かのドジョウが現れて同時に政府にモノ申してくれたら、世の中が少しは変わるのではないかと思っています。

注

1 「東日本大震災の支援　緊急提言」（ふるさと回帰総合政策研究所、農都共生総合研究所、NPOふるさと回帰支援センター　2011年3月29日）

http://www.furusatosouken.com/110329quaketeigen.pdf

2 「地方創生へ発想の転換を」（日経新聞　2014年9月20日）

3 「『豊かさ』の終焉、『よりよく生きる』社会モデルへの挑戦」（玉田樹　野村総合研究所「知的資産創造」2003年6月）

4 「復興構想会議提言への意見書」（玉田樹　2011年6月28日）
http://www.furusatosouken.com/110628iken.pdf

5 注1に同じ

●著者略歴

玉 田　樹（たまだ　たつる）

㈱ふるさと回帰総合政策研究所　代表取締役

1945年生まれ。東京大学卒業、㈱野村総合研究所で地域計画研究室長、経営コンサルティング部長、研究創発センター長、執行役員、理事を歴任。その間、北陸先端科学技術大学院大学客員教授、国土審議会専門委員などを兼任。現在、NPO日本シンクタンク・アカデミー理事を兼務。

〔著書〕

「兼業・兼居のすすめ」（東洋経済新報社2006年）、「ユビキタス・サービス産業化の構想」（野村総合研究所2005年）、編著「産業創発」、「生活革命」、「日本の構造改革」（いずれも野村総合研究所1999～2001年）など。出稿「地方の子育てメカニズムの創設―少子高齢化時代の地方交付税の再設計」（玉田樹　ぎょうせい　「地方財務」2003年9月）、「地方“兼居”の構想」（玉田樹　ぎょうせい「地方財務」2004年7月号）など。

地方創生 逆転の一打
～「公助」の異次元改革のススメ

2017年1月31日 第1刷発行

著 者 玉《たま》田《だ》 樹《たつる》

発 行 株式会社ぎょうせい

〒136-8575 東京都江東区新木場1-18-11
電話 編集 03-6892-6508
営業 03-6892-6666
フリーコール 0120-953-431
URL：https://gyosei.jp

〈検印省略〉

印刷 ぎょうせいデジタル㈱

ISBN978-4-324-10264-0
(5108313-00-000)
〔略号：創生一打〕